BIBLIOTHÈQUE CHRÉTIENNE
DE L'ADOLESCENCE ET DU JEUNE AGE,
publiée avec approbation
de Monseigneur l'Evêque de Limoges.

Propriété des Editeurs.

Ardant-Frères

LA SŒUR
MARIA IMELDA NELLY

DU TIERS ORDRE DE SAINT DOMINIQUE

PAR

LE P. MARIE JOSEPH HENRY OLLIVIER

Des Frères Prêcheurs.

LIMOGES	PARIS
F. F. ARDANT FRÈRES,	F. F. ARDANT FRERES,
rue des Taules.	quai des Augustins, 25.

APPROBATION.

J'ai lu par ordre du très révérend Père Provincial la biographie de la sœur Maria Imelda, par le R. P. Ollivier, des Frères Prêcheurs. Je crois qu'elle sera très utile à l'édification des fidèles et particulièrement aux membres du tiers ordre de Saint-Dominique. C'est pourquoi je lui donne mon approbation.

F. Jacques Marie Louis Monselré,
Des Frères Prêcheurs, lecteur en théologie.

Vu et approuvé.
P. Ch. Vinc. Girard.
Des Frères Prêcheurs. S. Th. L.

Bordeaux, 11 août 1866.

Imprimatur,
F. L. C. Minjard
Prov. des Dominicains de la Province de France.

AUX ENFANTS
DE L'OUVROIR SAINT-LOUIS D'ANTIN.

Mes enfants,

C'est pour répondre à votre désir que j'ai écrit ce petit livre. C'est avec vos souvenirs qu'il a été composé, et vous n'y trouverez rien que vous ne sachiez d'avance, rien que vous ne m'ayez dit. Ce sont encore vos paroles que j'ai reproduites le plus souvent. Ce livre est vôtre tout à fait : vous en avez la première pensée, vous en avez fourni les éléments, vous lui avez donné sa forme. Je n'ai rien fait de plus que de tenir la plume sous votre dictée. Si mon travail vous plaît, vous n'aurez donc pas à m'en remercier. Tout au contraire, je vous devrai des remercîments pour la double joie que vous m'avez procurée, de raconter la vie de votre compagne et de vous la raconter à vous-même.

Toutefois, comme vous croiriez, j'en suis sûr, manquer à un devoir si vous ne vous reconnaissiez obligées envers moi, laissez-moi vous dire comment vous acquitterez ce que vous appelez votre dette. Imitez Maria et priez pour moi. C'est tout : peu de chose en apparence, beaucoup en réalité.

Que notre Seigneur vous bénisse et vous rende semblables à votre sœur, sur la terre et dans le ciel.

F. Marie Joseph-Henry Ollivier,
des Frères Prêcheurs.

4 Août 1866, en la fête de Saint-Dominique.

L'auteur déclare se conformer en tout aux lois de la sainte Eglise Romaine, relativement aux titres de *Saint* et de *Bienheureux* appliqués aux serviteurs de Dieu dont le culte n'est pas autorisé par elle.

CHAPITRE PREMIER.

Enfance et première communion de Maria.

Maria Nelly était née à Paris le 14 mai 1845. Abandonnée de ses parents dès le berceau, la pauvre petite fut recueillie dans l'Orphelinat fondé par les sœurs de la Présentation, rue de Clichy 64, voisine de l'ancienne église de la Trinité. Il lui resta toujours de ses premiers pas dans la vie un souvenir à la fois triste et doux. Quand il lui arrivait de penser qu'elle était seule en ce monde, et qu'elle n'aurait jamais près d'elle personne pour lui dire : vous êtes ma fille ou ma sœur, la tristesse envahissait son âme, d'autant plus profonde et plus amère qu'elle était plus courageusement dissimulée. Mais quand elle arrêtait ses regards sur cette autre famille que Dieu lui avait faite, mères et sœurs dont elle était l'orgueil et la joie, elle sentait son cœur dilaté se remplir de reconnaissance et d'amour. Ce double sentiment avait laissé sur ses traits une empreinte de gravité sereine qui frappait d'abord tous ceux qui la voyaient pour la première fois, et dans son cœur un fonds inépuisable de tendresse et de délicatesse dont la distinction naturelle de sa personne, et la grâce de ses manières rehaussaient encore le charme.

Vers l'âge de six ans elle quitta sa nourrice et vint à l'Orphelinat. Il était dès lors facile de prévoir à quel degré de perfection s'élèverait un jour cette enfant, en dépit des obstacles qu'elle aurait à vaincre. C'était en apparence une nature douce et timide, amie du silence et de la solitude, heureuse d'être oubliée et laissée à elle-même ; mais sous cet extérieur humble et tranquille bouillonnaient des passions ardentes contre lesquelles une lutte incessante pouvait seule avoir raison. Maria le savait. Quand on arrivait à son cœur, et qu'elle se sentait entraînée à raconter ce qui s'y passait, on la trouvait humiliée de ses révoltes, mais occupée à les réduire avec une énergie calme et persévérante. On eût dit qu'elle comprenait déjà les dangers auxquels l'exposait cette nature impétueuse et impatiente du joug, au milieu d'un monde trop capable de la séduire et de la dévoyer. Elle éprouvait une horreur instinctive de cette vie dissipée, malgré la difficulté qu'elle éprouvait à se plier à la vie régulière, et se rejetait avec un élan dont les anges seuls ont connu la puissance, dans le cœur de ce Dieu en qui elle trouvait son repos.

Les pensées frivoles qui préoccupent d'ordinaire l'esprit des enfants n'avaient aucune prise sur son âme. Sa plus douce occupation était dès lors d'entendre parler de Dieu : les instructions religieuses la jetaient dans une sorte de ravissement qui se manifestait sur son visage et dans toute sa personne. Ses conversations avaient pour sujet habituel l'estime qu'on doit faire de la pureté du cœur et les moyens par lesquels on peut la conserver et la développer. On l'entendait souvent répéter qu'elle aimerait mieux mourir que de compromettre l'innocence de son cœur par un seul péché mortel, et ses compagnes préférées étaient celles en qui se montraient les mêmes désirs.

« Oh! que l'innocence est aimable! disait-elle souvent à une autre enfant de son âge. Il faut que nous la conservions toujours. Promettons-nous mutuellement de mourir plutôt que de commettre un seul péché. » L'enfant à qui s'adressait cette invitation, ajoute la religieuse de qui nous tenons ces détails, est sortie de la maison il y a déjà longtemps. Elle n'était pas orpheline, et elle est retournée chez ses parents. Mais elle garde le pacte fait avec sa chère petite amie, et elle est restée d'une innocence remarquable.

Qui donc avait ainsi préparé cette âme et lui avait déjà donné de la vie et de soi-même ces notions élevées que tant d'autres enfants ne possèdent pas à un âge beaucoup plus avancé? Sans doute, l'éducation avait là comme partout produit ses fruits : l'enfant avait recueilli de salutaires impressions, des enseignements et des exemples qui l'avaient entourée dès ses premiers pas dans la vie. Mais tout en rendant hommage aux soins qu'elle reçut des premières mains qui la portèrent, ne nous est-il pas permis de reconnaître ici la main toute puissante de Celui qui se fait le père des orphelins (1), et se plaît à mettre sa louange sur les lèvres des petits enfants? (2)

Pourquoi ne retrouverions-nous pas au berceau de

---

(1) Psalm. ix.
(2) Psalm. viii.

notre chère Maria cette même providence que la vie des Saints nous montre attentive aux premiers bégaiements de presque toutes les âmes privilégiées ? Le Dieu qui préparait le cœur de sainte Catherine, de sainte Rose, de la Bienheureuse Imelda, et de tant d'autres, à la connaissance et à la pratique de sa loi, n'est-il pas toujours le Dieu qui se plaît à donner la sagesse aux enfants, suivant la parole du prophète (1), le Dieu qui se cache aux sages et se révèle aux petits (2) ?

C'est d'ailleurs un fait constant : l'enfance des saints prédestinés à la gloire de la virginité est signalée par des prévenances inéffables de l'amour divin. A cet âge où l'âme plus virginale qu'elle ne le sera jamais, semble plus agréable au regard et au cœur de Jésus, il a pour elle des épanchements et des caresses qui déconcertent la pensée et commandent l'admiration. Mais c'est rarement de la bouche même des saints que nous en apprenons les détails. Quelques témoin, à qui Dieu fait la joie d'entrer dans leur intimité et de surprendre quelques-uns de leurs secrets, nous les révèle et non pas pas tous encore ; car l'amour de Jésus connaît aussi des réserves, et il aime à certaines heures, à s'environner d'un mystère plus profond. Quelquefois même il ne permet pas qu'un regard étranger arrive jusqu'au lien qui l'unit à l'âme pour en apprécier la puissance et les effets. Ce sont là des joies qu'il garde pour lui seul. Quand on ouvrit le tombeau de sainte Agnès, la douce martyre de treize ans dont l'Eglise a fait la patronne de la pureté, on n'y trouva plus qu'un peu de poussière humaine et de terre rougie de sang. Mais à

---

(1) Psalm. xviii.
(2) Matth. xi, 25.

côté de cette poussière, et dans un état de conservation qui contrastait singulièrement avec l'état des reliques, était resté le voile virginal dont Agnès se couvrait la tête pendant sa vie et qui la voilait encore dans le tombeau. Leçon touchante, où nous pouvons apprendre la sollicitude jalouse avec laquelle l'Epoux des âmes cache parfois à tout regard mortel la beauté de celle qu'il préfère et les grâces dont il récompense leur amour (1).

Maria Nelly fut une de ces âmes cachées. Elle n'aimait guère à parler d'elle, et les épanchements de son amitié n'offraient que de rares occasions de pénétrer dans le secret de son union avec Dieu. D'ailleurs, comme le disait une de ses maîtresses, elle était de ces âmes qui ont trop à dire à Dieu pour trouver le temps de converser beaucoup avec les hommes. Un attrait spécial la sollicitait au silence et c'était pour elle une occasion de tristesse que d'y avoir manqué. Aussi n'avons-nous sur sa première jeunesse que très peu de notions, et les anges seuls pourraient nous dire ce qu'elle prenait si grand soin de cacher. N'est-ce pas assez du reste pour un esprit attentif d'avoir étudié la lutte continuelle de la grâce contre la nature dans l'âme de cette enfant? Les passions ardentes qu'elle portait dans sa frêle poitrine se développaient avec l'âge, et, de temps en temps, quelques élans mal comprimés trahissaient l'effort au prix duquel s'achetait la victoire.

La réaction était prompte, mais la violence que se faisait la pauvre Maria se reconnaissait au frémissement involontaire de tout son être. Il ne fallait alors

---

(1) Guéranger, *Vie de sainte Cécile*, p. 361, et suiv.

rien moins que la vue du crucifix pour calmer ces tempêtes du cœur, souvent renouvelées, toujours vaincues par l'amour. Quand la tâche était plus lourde, l'humiliation plus difficile à supporter, la mortification du goût plus amère, en classe, à l'ouvroir, en récréation, au réfectoire, elle fixait ses regards inquiets et suppliants sur le Dieu du Calvaire et le calme revenait. Elle indiquait elle-même ce moyen assuré de victoire à celles de ses jeunes compagnes qui luttaient avec plus de peine contre leur nature imparfaite. « Regardez le Crucifix, disait-elle. » Et tout devenait facile au souvenir des ineffables douleurs de la croix.

Ce mélange d'énergie naturelle et de douceur acquise lui avait donné parmi ses compagnes une sorte d'autorité dont elle usait pour les réunir dans une prière commune, pendant les récréations, dans quelque endroit retiré du jardin ou bien au pied des saints autels. Elle était aussi déjà leur conseil et leur consolation dans leurs petites tristesses ; mais il y avait tant de discrétion et d'humilité dans la manière dont elle usait de son ascendant sur l'esprit de ces jeunes filles, qu'elles le subissaient sans le soupçonner et semblaient plus tard avoir peine à en retrouver le souvenir.

Il y a dans cette première période de sa vie un événement qu'elle a pris soin de nous faire connaître et autour duquel se groupe la plus grande somme des témoignages relatifs à son enfance. C'est sa première communion.

La première communion laisse dans la vie du chrétien une trace ineffaçable : elle se place au sortir de son enfance et à l'aurore de sa jeunesse comme un phare destiné à éclairer deux âges, et sans la lumière duquel il est impossible de voir clair dans son passé et et dans son avenir. Ce grand acte accompli dans les conditions qu'il convient d'y mettre est le plus sûr garant d'une enfance conservée dans sa candeur première, et le gage le plus certain d'une jeunesse qui pourra s'égarer sans cesser de promettre le retour à la vertu. Maria Nelly l'avait compris, et toute sa vie ne paraît avoir eu d'autre but que de préparer ou de recueillir les fruits de la première communion.

C'est le 6 mai 1858 qu'elle fut admise pour la première fois à la table sainte. Elle avait alors treize ans. Son peu d'extérieur l'avait fait retarder d'une année. On avait pensé que cette enfant silencieuse et arriérée n'était pas capable de comprendre la grande action qu'elle devait faire, tant on était loin de soupçonner les trésors de vertu qui se cachaient sous ces humbles dehors. Elle avait amèrement pleuré sa déconvenue, mais n'avait rien fait de plus que d'appeler, dans le secret de son cœur, par des désirs plus ardents et des efforts plus soutenus, le Bien-Aimé qui tardait à venir. A mesure que le temps lui paraissait plus rapproché où elle devait le recevoir, elle multipliait ses prières et ses mortifications. Ses compagnes remarquaient son recueillement plus profond, sa fidélité plus grande à la règle, sa soumission plus exacte en dépit des assauts de la nature. Mais, ce qu'elles ne voyaient pas, c'étaient les épanchements intimes de cette âme dans le cœur de Jésus. Il nous en est resté comme un écho dans cette note qu'elle écrivait longtemps après et qu'il convient de placer ici.

« Il y a sept ans aujourd'hui, ma bonne mère, je faisais ma première communion, et je vous avais demandé de me disposer vous-même à cette action importante. Je me suis rappelé dans la journée le bonheur que j'éprouvais en ce beau jour, et j'ai pensé aux bontés de Dieu à mon égard de m'avoir accordé tant de grâces dans cette sainte maison. Comme Dieu doit être affligé de me voir encore aussi imparfaite après toutes les miséricordes qu'il a exercées envers moi. Je suis si lâche que je ne sais seulement pas faire une prière pour le remercier. Faites-le pour moi, ma bonne mère, je vous le demande, et obtenez-moi auprès de Jésus un grand amour du sacrifice. »

Marie, comme on le voit, était la confidente et le soutien en qui se concentraient toutes ses aspirations et ses espérances. Elle avait fait depuis longtemps le vœu de réciter chaque jour le chapelet, et nous ne pouvons douter de la pensée qui lui avait dicté ce vœu : c'était de se rendre digne de recevoir en son cœur le fils de Marie, le Dieu de l'Eucharistie. Le retard qu'elle avait éprouvé avait fini par lui devenir agréable. Nous en avons la preuve dans ces paroles touchantes qu'elle disait quatre ans après à l'une de ses compagnes préparée par elle à sa première communion. « Oh! comme je voudrais être à ta place! Il me semble que si je pouvais recommencer ma première communion, je la ferais avec une si grande ferveur que Dieu ne pourrait rien me refuser... J'aurais bien voulu qu'on me retardât encore, afin de me mieux préparer. Mais Dieu a voulu qu'il en fût ainsi pour que je ne fusse pas privée plus longtemps d'une si grande grâce. »

Enfin le jour tant désiré arriva. Pour raconter ce qui se passa dans ce cœur, quand le Roi des Anges y fut entré comme dans sa naturelle demeure, il faudrait une autre parole que la mienne. Je ne l'essaierai pas. D'autres ont vu et entendu Maria dans cet instant solennel et nous ont laissé comprendre leur impuissance à redire ce qu'ils avaient eu sous les yeux. Elle seule eût pu nous en apprendre quelque chose ; mais elle semble avoir pris à tache de nous cacher les joies dont Dieu l'inondait en ce moment. Cependant il nous reste d'elle une parole qu'il importe de recueillir. « Etant à la veille de ma première communion, dit une de ses compagnes, je lui demandais quelle grâce il me fallait solliciter plus particulièrement. — Moi, me dit-elle, à ma première communion, j'avais aussi beaucoup de choses à demander. Après avoir reçu Dieu dans mon cœur, je l'ai d'abord adoré, puis je lui ai dit : Mon Dieu, je vous offre toutes les pensées que la sainte Vierge avait lorsqu'elle vous posséda pour la première fois, ainsi que tous les hommages qu'elle vous rendait et toutes les grâces qu'elle sollicitait de votre bonté... Demande surtout à Dieu, d'avoir toujours la pureté d'intention afin de ne pas agir pour ce qui t'entoure mais pour Dieu seul. Demande-lui aussi qu'il te fasse connaître la vocation dans laquelle il veut que tu le serves toute ta vie, et qu'il t'accorde, par l'intercession de Marie, la grâce d'une bonne mort. »

« Le jour de sa première communion, ajoute la supérieure, rentrant de la messe elle se jeta dans mes bras en pleurant. — Oh! ma mère, que je suis heureuse ! Je veux rester toujours ce que je suis aujourd'hui, je ne veux jamais me séparer de Notre-Seigneur. Si le bon Dieu voit que dans l'avenir je puisse lui être infidèle, oh! dites-lui de me prendre ce soir ! »

Si Maria pouvait cacher aux yeux de ceux qui l'entouraient les faveurs reçues dans sa première union avec Notre-Seigneur, il ne lui fut pas possible au moins d'en dissimuler les effets. Le développement rapide de ses vertus frappa tout le monde. Elle n'était plus seule dans le combat; elle avait avec elle, pour l'encourager et la soutenir, le Dieu de lumière et de force, qui parle et les flots s'apaisent, qui se révèle et les ténèbres sont dissipées. Ainsi sur les champs de bataille, lorsqu'arrive un secours au soldat fatigué et inquiet, une nouvelle vigueur court dans ses membres, une énergie nouvelle anime son bras. Dans le combat plus ardent il entrevoit la victoire plus certaine, et aux coups dont il est poursuivi, l'ennemi reconnaît le renfort avant même de l'avoir entrevu.

Les années puériles avaient fini pour **Maria**; une nouvelle vie, une vie toute virile, commençait pour elle. Mais avant de dire adieu à cette suave enfance, donnons-lui un regard, et résumons-la dans quelques traits empruntés à de plus habiles pinceaux. En peignant, dans un livre charmant, le doux visage de sainte Monique adolescente, l'auteur semble avoir eu devant les yeux l'humble enfant que nous avons connue.

« Préservée ainsi de tout péril, cultivée avec tant de soins, jamais plante ne se vit plutôt couronnée de fleurs et de fruits que notre sainte enfant... On remarquait en elle une douceur et une paix charmantes. Quand elle jouait au milieu de ses compagnes, il lui suffisait d'un mot pour apaiser leurs petites querelles. Il y avait tant de calme sur son visage, dans sa voix et dans sa démarche, qu'il se communiquait à son insu, même à des personnes plus âgées qu'elle.... Sa conversation était douce, innocente, humble, franche, toute pleine de Jésus-Christ. Longtemps après sa mort, on ne se souvenait pas de lui avoir entendu dire une parole où ne retentit l'accent de la foi.... Aux dons de l'intelligence elle joignait des dons meilleurs encore: une douceur inépuisable avec une rare fermeté; une paix que rien n'altérait jamais, avec infiniment de feu dans l'âme et de décision dans la volonté. Son caractère était à la fois constant et hardi ; son cœur, d'une sensibilité extrême, était porté à la tendresse et cependant plein d'énergie dans l'amour et dans l'action. Bref, c'était une de ces belles et riches natures comme on en voit quelquefois, où se rencontrent les plus rares harmonies avec d'étonnants contrastes (1). »

(1) L'abbé Bougaud, *Sainte Monique*, c. 1ᵉʳ. passim.

CHAPITRE II.

Progrès de Maria dans les vertus chrétiennes.— Epreuves intérieures.

« Le juste, dit Saint Paul, vit de la foi (1). » C'est elle qui lui fait connaître Dieu, son amour et ses bienfaits, sa providence que rien n'endort, sa présence en tous lieux et à toute heure, sa justice et ses irréprochables arrêts. C'est elle par conséquent qui remplit tour à tour le cœur du juste de reconnaissance et de respect, d'amour et de crainte ; qui produit ces élans de tendresse filiale et ces tremblements ineffables dont le prophète royal a chanté les mystères. Sans la foi il est impossible de plaire à Dieu (2). Aussi les saints, dont l'unique préoccupation est de former dans leur cœur le règne du divin Maître, travaillent-ils incessamment à procurer en eux le développement de la foi.

(1) Ad hebr. x.
(2) Ad hebr. xi.

C'est ce qu'il était facile de voir en Maria Nelly. Non-seulement elle donnait aux vérités de l'enseignement catholique cette adhésion pleine et ferme qui est la paix de l'intelligence dans la foi, non-seulement elle prenait son plus doux plaisir à entendre parler des choses de Dieu et à les redire elle-même, mais elle avait encore cette union perpétuelle du cœur au cœur du divin Maître qui est l'opération suprême de la foi et la base de toute la vie spirituelle. « Marchez en ma présence et soyez parfait (1). » Elle avait compris cette parole et en avait fait la règle de sa vie. Elle passait à travers les créatures sans les voir, sans les entendre, l'œil de son âme fixé sur les mains du Maître, suivant le conseil du Psalmiste (2), l'oreille attentive à la parole qui lui venait d'en haut. (3). Sa joie était d'être restée tout un jour fidèle à ce colloque intime avec Jésus, sa grande peine d'avoir laissé évaporer quelque peu du parfum dont la présence divine embaumait son cœur. On lui demandait une fois. « Pensez-vous souvent à Jésus ? — Oh! oui, souvent, répondit-elle doucement. — Mais, souvent, est-ce toujours ? insistait la personne qui l'interrogeait. — Toujours, non. Il se passe bien quelquefois un quart d'heure sans que j'y sois attentive. » C'était la réponse de saint François de Sales à la même question ; mais la pauvre petite ne se doutait guère qu'elle répétait l'une des plus sublimes paroles, dont la vie des saints est l'écho.

Cependant il lui semblait qu'elle était loin de ce que Dieu demandait d'elle. « Je ne sens que trop, ô Esprit-Saint, écrivait-elle, que je n'ai pas mérité que

(1) Genèse, XVII.
(2) Psalm. CXXII.
(3) Psalm. XLIV.

vous parliez à mon cœur, parce que je n'étais ni assez attentive pour vous entendre, ni assez recueillie pour vous parler... Apprenez-moi donc à me taire. » Elle allait alors déposer dans le cœur de Marie la plainte de sa misère et de sa tristesse.

« Quelle mauvaise journée j'ai passé aujourd'hui, ma bonne mère! Et encore, pour un jour de retraite! Combien je me sens coupable! Je ne sais pourquoi j'ai eu tant envie de parler. J'avais pris la résolution de me tenir bien recueillie pour écouter la voix de Dieu parler au-dedans de moi ; et, dès le matin, j'ai dit un mot tout-à-fait inutile, et, hors la réunion du matin, j'ai été bien distraite ; je n'avais qu'envie de rire. Le soir j'ai eu un peu plus de recueillement. Je n'ai donc rien à vous présenter, ô Marie, que toutes mes imperfections, mais j'en ai un regret sincère, et je vous prie de les oublier et de demander pour moi à votre divin Fils la grâce d'un grand recueillement; car je sens que je ne suis en paix que lorsque j'écoute la voix de Dieu et que je ne me répands pas au-dehors par toute sorte de conversations inutiles. Je veux aimer comme vous à garder le silence intérieur et à parler toujours avec Jésus. Vous m'avez appris vous-même qu'il valait mieux se taire que de trop parler ; et tous les jours j'ai l'occasion de m'instruire par ma propre faiblesse. Je veux donc vous imiter dans votre esprit de recueillement qui faisait que vous étiez toujours unie à Jésus et Jésus toujours avec vous. J'aurai le même bonheur si je suis fidèle à ma pratique. Vous m'aiderez, bonne mère, dans ce travail, car je ne puis rien sans vous. »

Ces paroles écrites le 15 mai 1865 disent mieux que je n'aurais pu le faire le soin que prenait cette âme céleste de se tenir en la présence de Dieu. Je ne sais ce qu'en penseront ceux qui les liront après moi ; mais je les ai recueillies avec délices en raison même de leur naïve sincérité. C'est un miroir fidèle où reflète avec ses nuances les plus délicates, la beauté d'un cœur trop détaché de la terre pour qu'il continuât de battre parmi nous.

La conséquence naturelle de cet esprit de foi était une exquise pureté d'intention. Maria Nelly avait une de ces natures aimantes en qui toute sympathie trouve une facile correspondance et qui savent rester fidèle à leurs affections, parce qu'elles n'en laissent que de pures et généreuses pénétrer dans le sanctuaire de leur cœur. Mais les âmes les plus riches d'affection, tout en ouvrant à qui veut y puiser loyalement les trésors qu'elles renferment, ne peuvent échapper à la loi qui crée des distractions et des préférences dans le cercle de nos amitiés. Nous avons tous la conscience ou le souvenir d'une de ces prédilections. Notre âme s'est versée avec plus d'effusion dans une âme choisie ; et, sans que nous le sachions peut-être, notre joie est de la sentir près de nous, notre plus grande douleur de l'avoir vue s'éloigner, il importe peu que ce soit pour peu de temps ou pour toujours. Maria connut ces préférences ; elle eût dans le cercle étendu de ses affections cette place première et sacrée où viennent s'asseoir les cœurs plus intimement liés à notre cœur. Mais de quelque lien qu'elle se fût attachée à une créature, elle ne la tint jamais qu'à la place secondaire où la créature doit rester.

Au dessus de toutes nos affections, même les plus saintes et les plus vives, dans un repli plus profond et plus inaccessible que celui où nous les cachons, se trouve le sanctuaire où doit résider l'Amour par excellence, la Beauté sans rivale, la Beauté dont le charme ne saurait être égalé, Dieu en un mot, Dieu père, maître, ami, rédempteur, avec qui, fût-il possédé seul, on est assez riche, sans lequel, eût-on le monde entier dans les mains, on reste misérable. C'est à ce Dieu jaloux parce que seul il sait vraiment aimer, que toutes nos pensées et toutes nos actions doivent tendre, à travers les mille détours de la vie et des choses créées, comme à leur but suprême et indiscutable. Il ne veut pas souffrir en notre esprit de pensée qui s'arrête aux créatures ; en notre cœur d'amour qui se repose dans les créatures, en notre volonté d'effort qui se termine aux créatures ; parce que, dans sa providence, il les a disposées devant les yeux de l'âme, avec leur beauté individuelle et harmonique, comme un miroir où nous puissions reconnaître et adorer sa beauté, principe et raison de toute autre beauté. Il a voulu qu'au lieu de nous retenir loin de lui, elle nous conduisent à lui ; et c'est pourquoi, tout en nous commandant de les aimer parce qu'elles sont de lui, il veut qu'en elle ce soit lui surtout que nous aimions.

Ainsi l'avait compris notre chère Maria. « Mon premier désir est d'aimer Jésus plus que tout le monde, de l'aimer sans partage, de faire toutes mes actions pour lui plaire, de ne jamais oublier que je suis en sa présence. » — Ce désir fut l'âme de sa vie. Il était difficile de s'entretenir quelques instants avec elle sans que bientôt l'entretien fût de Dieu ; mais il était difficile aussi que l'entretien fût de Dieu sans qu'elle parlât de la pureté d'intention, avec cette chaleur persuasive qui produit la conviction et l'entraînement. Son apostolat au milieu de ses compagnes avait surtout pour but de produire cet amour de Jésus aimé pour lui-même, aimé par dessus toute chose. Son bonheur était d'avoir donné toute sa journée à cet amour sans mélange ; sa tristesse la plus profonde d'avoir remarqué dans son cœur quelque partage, et elle le disait avec une naïve humilité. « Je vois avec peine que sans cesse je reprends à Dieu ce que je lui ai donné. Je désire beaucoup, mais je ne fais pas grand chose pour effectuer mes désirs. Je me sens pressée d'aimer Dieu, et lorsque j'ai été infidèle, je suis comme humiliée de me voir si faible... Voilà comme je sais peu lui prouver mon amour. »

C'était en Dieu qu'elle aimait tout le monde, et jamais charité plus facile et plus douce à la fois ne se rencontra sur la terre. On la trouvait toujours prête à rendre service, à donner un bon conseil, à excuser une faute, à consoler une tristesse, à se charger d'un travail trop pénible à celle qui l'avait reçu. Le même sourire tranquille accueillait la demande discrète et la sollicitation importune, l'ordre venue d'une supérieure, et la turbulente réclamation de quelque jeune compagne. Ce n'était pas toujours sans combat, il est vrai, que Maria gardait à l'extérieur ce calme dont son cœur obtenait la jouissance aux prix de douloureux efforts. Sa nature impétueuse et fière se révoltait à chaque instant devant une observation pénible ou devant une demande indiscrète.

Un tressaillement nerveux annonçait l'orage, le regard lançait l'éclair, la parole indignée arrivait jusqu'aux lèvres, et tout se terminait par le même calme et gracieux sourire. S'il s'agissait d'une supérieure, elle allait cacher dans le sein de la mère indulgente sa tête humiliée ; s'il s'agissait au contraire d'une compagne elle savait trouver quelque parole aimable pour demander un pardon dont elle croyait toujours avoir besoin. C'était surtout envers celles qui

Maria Imelda Nelly. 2

paraissaient ne pas l'aimer que cette bonté se montrait avec plus de délicat empressement. « Un jour, raconte une de ces jeunes filles, la croyant absente, je m'étais moquée d'un écrit qu'elle avait fait à mon intention, et j'en avais fait rire plusieurs de mes compagnes. Lorsque je m'aperçus de sa présence, je m'attendis à recevoir d'elle quelques reproches. Au contraire, elle ne proféra aucune parole et se contenta de me regarder en souriant... Lorsque nous lui avions fait de la peine, elle pardonnait généreusement et nous parlait aussitôt après avec autant de bonté que si on ne lui eût jamais rien dit de pénible. »

« Je tenais beaucoup à mes idées, dit une autre, et nous avions ensemble de petites discussions. A ma grande honte, c'était Maria, mon aînée, qui venait me faire des excuses. Quelquefois je me couchais avant de m'être fait pardonner; mais à peine étais-je endormie que je me sentais réveiller. C'était Maria qui me disait : Je ne puis pas dormir, sachant que tu es fâchée contre moi. — Je ne la recevais pas toujours très bien, étant encore à moitié endormie; mais elle ne m'en assurait pas moins qu'elle était plus tranquille. »

Autant elle était empressée à se mettre au service de ses compagnes et patiente à supporter leurs espiègleries ou leurs importunités, autant elle craignait de devenir pour quelqu'une d'elles le sujet d'un ennui ou d'une fatigue. Elle était l'humble servante de toutes et ne voulait que la part de la servante. Les moindres services reçus la rendaient confuse et sa reconnaissance semblait ne pouvoir s'exprimer à son gré. Elle se croyait fermement la plus indigne et la plus méprisable. Un jour qu'elle avait cru remarquer parmi ses compagnes un refroidissement dans leur amour pour Notre-Seigneur au très Saint-Sacrement de l'autel, elle alla trouver une de ses maîtresses et déposa dans son cœur toute l'amertume du sien. C'était elle seule qu'elle accusait, bien persuadée que sa tiédeur et sa lâcheté avaient attristé le Cœur adorable de Jésus et que c'était la raison pour laquelle ces jeunes âmes n'avaient plus leur ardeur d'autrefois. Et ce n'était pas chez elle un sentiment passager : il se reproduisait toutes les fois qu'un reproche des supérieures venait attester dans la maison quelque négligence ou quelque insubordination. Elle semblait, comme le divin Maître, porter seule sur son cœur le poids de toutes les petites iniquités qui se commettaient dans l'orphelinat.

La conséquence toute simple de cette humble persuasion était un grand désir de souffrir pour expier ces fautes dont elle était la seule coupable. Aussi la mortification prit-elle dans sa vie une telle place qu'il est à peu près impossible d'ouvrir les notes qu'elle nous a laissées sans y trouver à chaque page les traces de cette chère habitude. Elle comptait ses jours heureux par le nombre des mortifications accomplies ou des sacrifices acceptés. Elle se refusait les plus légers adoucissements, même durant sa dernière maladie, dans la crainte de manquer à la loi qu'elle s'était imposée. Un jour qu'elle avait du respirer quelque parfum pour ranimer ses forces défaillantes, elle demanda naïvement si ce n'était pas là une sensualité qu'il lui faudrait expier après la mort. Toutefois, il importe de le remarquer, cette pratique de la mortification est toujours restée soumise aux lois de la plus exacte discrétion et de la plus complète obéissance. La santé délicate de la chère enfant ne lui eût guère permis des austérités que d'ailleurs elle eût trouvées peu conciliables avec son amour de l'obscurité, parce qu'il eût été dificile de les cacher aux regards de ce grand nombre de personnes dont elle était sans cesse entourée.

Elle avait une grande peur d'aller en purgatoire, et ce n'était pas chez elle une de ces craintes puériles dont on retrouve les traces dans les âmes faibles. Les saints ont du péché et de ses expiations une vue que nous ne soupçonnons même pas et qui pénètre leur âme et leur chair de cette terreur poignante dont parle le prophète quand il dit : *Confige timore tuus carnes meas ; à judiciis enim tuis timui* (1). Mais la crainte des jugements de Dieu est adoucie en eux par l'amour de Celui qu'on offense si facilement, et qui tempère cependant l'action de sa justice par celle d'une miséricorde infinie. Aussi quand on disait à Maria que dans le purgatoire, on aime Dieu plus vivement sans être exposé à l'offenser jamais, son cœur se dilatait et l'angoisse faisait place à la joie. La pensée des jugements de Dieu n'était plus qu'un stimulant à cette ardeur de perfection dont chaque jour augmentait l'intensité.

Cependant à toute vertu, pour qu'elle atteigne sa perfection, il faut l'épreuve non-seulement de la tentation sans laquelle il n'y avait point de vertu, mais encore de la douleur sans laquelle il n'y aurait que des mérites vulgaires dans la pratique du bien.

Que l'homme raisonnable et libre, choisisse le bien où se rencontrent pour lui le principe de la félicité naturelle et celui du bonheur surnaturel, ce n'est certes pas le sujet d'une louange. Mais, qu'en vue d'une récompense dont il n'a que la promesse et l'espérance, il renonce aux joies de la vie présente pour s'attacher à l'accomplissement d'un devoir pénible et répugnant, il mérite une louange proportionnée à la mesure des

(1) Psalm. CXVIII.

efforts qu'il a du faire pour obtenir cette victoire contre lui-même. Toutefois, si l'espérance et la foi ne se sont jamais voilées devant lui, si leur lumière et leur force ne lui ont jamais fait défaut, sa louange reste encore vulgaire comme son mérite. — La louange et le mérite de l'enfant que les exhortations et les caresses de sa mère ont maintenue dans l'effort qui froissait sa nature. Au contraire la foi n'a plus que des ombres, l'espérance que de rares et fugitifs rayons ; l'âme, étreinte dans une angoisse idéfinissable, ne sait plus au juste ce qu'elle donne au devoir, et ce qu'elle refuse à la passion; la voix de Dieu n'a plus pour elle que des accents douteux qui l'effraient plus qu'ils ne la consolent, et les abîmes du monde l'attirent par l'action d'un vertige tellement puissant qu'elle ne sait plus si elle en déteste encore ou si elle en aime les séductions. C'est l'heure de la suprême épreuve, après laquelle il n'y a plus que celle de la mort, plus décisive mais moins douloureuse. L'âme victorieuse de cette épreuve est seule véritablement grande, et qui n'a pas traversé ces orages ne sait pas s'il est fort. Ce fut l'épreuve et la victoire de notre chère Maria.

Pour dire convenablement ces choses il faut les avoir vues ; c'est pourquoi je laisse la parole au témoin le plus intime de ces combats à travers lesquels l'âme de notre sœur atteignit sa perfection.

« Dieu, dit la sœur N., agit avec elle comme avec ses saints ; il la fit passer par le creuset des peines intérieures dont lui seul connut toute la profondeur. Cet état dura un an à treize mois sans qu'elle cherchât jamais auprès de personne du soulagement et de la consolation. Elle se contentait de me dire quelquefois en pleurant : Ma sœur, je n'aime plus le bon Dieu. — Tout était devenu pour elle peine et angoisse de cœur. Parfois j'arrivais à la calmer un peu, en lui montrant ce passage qui, si je ne me trompe, trouve dans les lettres du père Besson : « L'amour le plus parfait et l'oraison la plus sublime sont dans l'acquiescement à la volonté de Dieu. (1) » Cela la consolait un peu. Mais à quelque temps de là, elle me dit un jour qu'elle avait à me parler ; à quoi je me prêtai volontiers, car son air malheureux me disait assez ce qu'elle souffrait. Elle commença par me dire qu'elle était bien coupable, qu'elle était cause de tout le mal qui se commettait dans la maison, et mille autres choses de ce genre, et cela avec une telle douleur que, sans exagération, j'ai cru par trois fois qu'elle allait rendre le dernier soupir. J'ai compris à ce moment, à la manière dont elle me parla, qu'elle mourrait bientôt. Ceci n'a pas été chez moi effet de l'imagination ni de la frayeur, car j'ai l'habitude des malades, ayant eu le bonheur de leur consacrer plusieurs années de ma vie religieuse dans un hospice. A partir de cet instant, autant que je puis le croire, toutes les peines qui la crucifiaient disparurent, et, de ce jour, je compris que Dieu était satisfait et que pour elle la mort arrivait. »

Ainsi cette angoisse allait pour la servante comme pour le maître, jusqu'à la mort. *Initis est anima mea usque ad notem* (2). C'était justice, puisque le serviteur n'est pas de meilleure condition que le maître. (3). Mais ce sont là des vanités que les saint comprennent

---

(1) *Le R. P. Hyacinthe Besson*, par E. Cartier. — Je ne sais pas à quelle lettre la sœur fait allusion ; mais cette pensée se trouve assez souvent répétée dans les lettres du P. Besson.

(2) Matth. xxvi.

(3) Matth. x

seuls et dont notre faiblesse ne peut entendre la dure formule sans frémir. Pour Maria il n'y avait qu'une parole impossible à entendre, et c'était la parole qu'elle entendait sans cesse murmurer à son oreille, par je ne sais quelle voix mauvaise : « Vous n'aimez plus le bon Dieu. » — C'était là comme la malédiction qui poursuivait Caïn et le désignait au mépris et à la haine de toute créature : pour elle la mort était meilleure. Aussi quand la mort lui apparut, accordée par Dieu à ses prières, refuge assuré et prochain pour sa faiblesse contre les dangers du monde, la conviction profonde d'aimer Dieu, qu'elle avait gardée dans son cœur en dépit des tentations et des épreuves, reprit le dessus. Elle sentit la joie revenir et la paix reprendre possession de son âme.

Mais ce n'est pas le lieu de dire ces choses dont nous devons parler plus longuement ailleurs.

CHAPITRE III.

Dévotion de Maria envers le Très Saint-Sacrement,
— envers la Sainte Vierge.

La plus grande marque d'amour que Dieu ait donnée à l'homme c'est l'institution de la Saint-Eucharistie. L'apôtre saint Jean nous dit même qu'il ne pouvait en donner une plus grande (1), et la méditation de cette parole n'aboutit en effet qu'à la conclusion du disciple bien-aimé, Dieu ne pouvant rien donner de plus quand il s'est donné lui-même.

Mais la mesure de la reconnaissance est déterminée par celle du bienfait, et, bien que l'homme ne soit pas capable de rendre à Dieu l'amour dans une mesure infinie, il est cependant obligé d'atteindre aussi lui les limites extrêmes de sa puissance d'aimer pour acquitter sa dette envers la bonté divine. Il semblerait donc que notre cœur n'eût pas assez d'élans, notre vie

(1) Joann, XIII.

assez d'heures, pour épuiser au pied des saints autels la louange qui devrait sans cesse monter de nos lèvres au sacré tabernacle, et cependant il n'en est rien. Les temples du Dieu de l'Eucharistie sont déserts ; ces autels délaissés par ces enfants des hommes, au milieu desquels il habite avec délices (1), n'ont pour gardiens et pour adorateurs que les anges moins favorisés et pourtant seuls fidèles. Quand nous daignons venir près de lui, c'est pour passer quelques instants le plus souvent trop longs à notre gré, et dont nous abrégeons la durée par des retours continuels vers les choses de la terre. Quelques âmes seulement, plus intelligentes devant Dieu mais que les hommes ne peuvent comprendre, et se plaisent à l'ombre de ces voûtes silencieuses, tout près de ces autels abandonnés. Pendant que la foule porte ailleurs ses flots et ses clameurs, elles s'isolent le plus qu'elles peuvent dans le secret de leur cœur pour posséder le plus intimement et le plus exclusivement leur Bien-aimé. Le temple n'a pas assez de mystère et de silence pour le sublime égoïsme de leur amour ; les anges mêmes y sont de trop. Il leur faudrait Dieu tout seul devant elles seules, pour qu'elles pussent le voir, l'entendre, le posséder dans la même mesure où elles se donnent à lui. Ecoutons : « Monique était encore toute petite, dit l'auteur de sa vie, que déjà elle s'enfuyait seule à l'église : elle y cherchait un ange solitaire, et là, debout, les mains jointes, les yeux modestement baissés, elle trouvait tant de charme à s'entretenir avec Dieu, qu'elle oubliait le moment de rentrer à la maison (2). »

C'est ainsi que se tiennent devant le tabernacle les

(1) Proverb. viii.
(2) *Sainte Monique*, par l'abbé Bougaud, c. 1ᵉʳ.

âmes à qui le don de Dieu n'est pas inconnu (1), et qui ont rencontré sur leur route l'eau dont on boit pour n'avoir plus soif des choses de la terre (2). Elles viennent là se reposer des agitations du monde auxquelles la vie les condamne, se repose même. « De l'exercice de la charité (on se fatigue bien dans le plaisir, comment ne se fatiguerait-on pas dans le dévouement?) elles viennent sans cesse se rafraîchir, se retremper à la source toujours vive et intarissable de l'amour et du sacrifice, je veux dire Notre-Seigneur Jésus-Christ présent au saint autel (3). »

Ainsi faisait María. Dès que la règle lui donnait un instant de liberté, elle allait se réfugier à la chapelle et s'abîmer dans une oraison tellement profonde que rien ne pouvait la distraire. Rien qu'à la voir ainsi, disaient ses compagnes, on se sentait plus recueilli et plus porté à la prière. « Si j'avais quelque difficulté à faire ma méditation, ajouta l'une d'elles, je regardais Maria, je m'unissais à elle par la pensée et je me sentais plus de courage. »

Que se passait-il alors entre le Dieu des miséricordes de l'âme qui s'épanchait ainsi devant lui ? Nous en savons assez pour soupçonner les faveurs dont il récompensait l'amour de sa petite servante ; mais elle a pris trop grand soin d'en dissimuler l'étendue pour que nous puissions satisfaire la pieuse curiosité qui nous porte à sonder ces mystères. Toutefois, en nous cachant la part de Dieu dans ces communications, elle nous a laissé voir la sienne, dont elle ne soupçonnait

---

(1) Joann, IV.
(2) *Ibid*.
(3) Bougaud, hoc. cit.

pas qu'on pût faire l'objet d'une louange et dont elle n'a pas cherché à nous dérober la connaissance.

Jésus n'était pas seulement pour elle ce qu'il est pour la plupart des âmes pieuses, le confident, le consolateur, le conseiller, l'ami, le père, qui tient dans le cœur la première plaie, mais admet en partage de son règne d'autres confidences, d'autres consolations, d'autres affections que les siennes. Dès son enfance, Maria Nelly s'était sentie toute seule en ce monde, à ces deux extrémités de la jeunesse où cependant il fait si bon rencontrer des sympathies et des protections; son berceau avait été déserté par l'amour maternel, ses premiers pas dans le monde ne devaient pas avoir pour guide et pour sauvegarde la vigilante expérience d'un père. Les affections qui étaient venues remplir la solitude faite autour d'elle n'étaient que les ménagères et les servantes d'une affection plus haute, fidèle à son berceau déserté, fidèle à son enfance orpheline, fidèle à son adolescence menacée, — d'une affection qui avait son foyer au cœur de Jésus, le Dieu du tabernacle.

Quand elle entendait ses jeunes amies de l'ouvroir, à qui Dieu avait laissé leur famille, parler de leurs parents qu'elles aimaient et dont elles étaient aimées, la pauvre abandonnée allait cacher ses larmes entre les bras de son Jésus. « Je n'ai plus que vous, lui disait-elle ! Mais en vous je retrouve tout ce que j'ai perdu ! » Quand on venait visiter ses compagnes, elle, qu'on ne visitait jamais, disait avec mélancolie, les yeux fixés sur la chapelle: « Il n'y a plus que vous qui daigniez me visiter ! » — Il faudrait savoir tout ce qu'il y avait de puissance pour aimer et souffrir dans cette âme ardente, pour comprendre avec quel élan de douleur et de reconnaissance elle se précipitait vers le tabernacle afin d'y jeter et d'y renfermer son cœur. Mais il faudrait savoir aussi tout ce qu'il y a de tendresse et de compatissance dans le cœur de Jésus pour comprendre la joie et la paix qui coulaient à flots du tabernacle dans l'âme de notre chère orpheline.

Les jours où le Saint-Sacrement restait exposé dans la chapelle du couvent étaient pour elle des jours pleins de délices. Elle ne quittait plus, pour ainsi dire, le pied de l'autel, et, si les emplois dont on la chargeait l'éloignaient pour quelques instants, elle laissait son cœur en présence du Maître, soupirant après le moment où elle reviendrait, comme Madeleine, se rasseoir à ses pieds. Et, non contente de lui donner ainsi tout ce qu'elle pouvait lui donner d'elle-même, elle se faisait l'apôtre de cette fidélité à l'adoration du très Saint-Sacrement. Elle en parlait avec une ardeur si persuasive que ses compagnes ne pouvaient y résister. Elle les amenait alors avec elle, leur faisait faire à ses côtés une courte adoration quand le temps ne permettait pas davantage, offrait à son Jésus leurs intentions et leurs demandes unies aux siennes, puis retournait avec elle, plus forte et plus joyeuse, au travail ou à la récréation.

Quand sa dernière maladie lui eût ôté la force de suivre ses compagnes dans les divers exercices de la règle, elle trouva dans son amour le moyen de conserver sa chère habitude. Elle se faisait soutenir jusqu'à la chapelle, recevait son Dieu, priait aussi longtemps qu'on le lui permettait, et se trouvait toute heureuse pour un jour de cette pénible visite. Mais enfin le mal ne permit plus ces pieuses folies d'un amour plus fort que la mort.

Alors elle disait aux compagnes qui la visitaient, comme autrefois quand elles les envoyait la remplacer au pied de l'autel : « Soyez bien exactes, je vous en prie, à faire votre visite au très Saint-Sacrement. Cela fait tant de bien à l'âme et Notre-Seigneur est si heureux d'avoir quelqu'un pour le dédommager de l'ingratitude des hommes. Priez-le bien pour moi qui n'ai pas votre bonheur; mais le bon Dieu me veut ici et je dois y rester. »

Elle s'informait avec grand soin de chacune des compagnes qui la visitaient si elle était fidèle à cette pratique. « Le soir, dit l'une d'elles, lorsque je me trouvais auprès d'elle, elle s'informait tout de suite si ma visite au Saint-Sacrement était faite. Et, sur ma réponse affirmative : « J'éprouve bien du plaisir à te voir, ajoutait-elle, mais j'en aurais plus encore à te savoir auprès de Notre-Seigneur si tu n'y avais pas été. » — Quand la négligence lui paraissait s'introduire dans une âme à ce point de vue, elle s'en plaignait doucement, s'accusait elle-même de son peu de ferveur qui, sans doute, était cause de ce relâchement, et reprenait son œuvre de zélatrice et d'apôtre avec une nouvelle ardeur.

Mais il y avait pour Maria une joie plus grande que celle des visites au très Saint-Sacrement, c'était celle de la communion. Il est impossible de dire avec quel amour elle se préparait à la réception de Notre-Seigneur, et avec quel soin elle conservait les fruits de cette union divine. C'était la préoccupation de ses jours et de ses nuits, le but auquel tendaient tous ses efforts, le centre vers lequel convergeaient toutes les puissances de son être. La pensée de la communion semblait la rendre plus forte contre les tentations et contre les souffrances; son recueillement et sa résignation grandissaient à mesure qu'approchait l'heure si vivement désirée où son âme devait s'unir à Dieu. Les petits mémoires sont pleins de ces aspirations passionnées, de ces pratiques ingénieuses, de ces retours mélancoliques qui attestent la préoccupation constante dans les jours qui précédaient ses communions. Avait-elle réussi, à se mortifier davantage, à se tenir dans un silence plus complet, à faire preuve d'une charité plus méritoire, son cœur se dilatait : Jésus serait content. Au contraire, le silence avait été moins exact, la nature plus obéie et la pauvre enfant était triste et honteuse : Jésus serait moins bien reçu dans un cœur moins bien préparé. Et quand il était venu, quand il l'avait comblée de ses faveurs, quelles expansions de reconnaissance, quels serments de fidélité, quel soin pour préserver de toute atteinte le trésor caché, qu'un vase si fragile enfermait et que menaçait tant d'ennemis sur la route (1). Il faudrait rapporter ici tous les passages des mémoires de Maria qui parlent de ces heureux moments. Mais à quoi bon ? Leur laconisme indique une âme trop absorbée dans sa joie pour s'occuper d'en rien laisser voir aux créatures. Ce sont comme des sons confus, qui ne savent rien dire à l'oreille qui les perçoit, sinon le degré éminent de bonheur où s'est élevée l'âme d'où ils sont échappés. L'apôtre ravi jusqu'au troisième ciel ne savait rien raconter des merveilles qu'il avait vues, sinon qu'une langue humaine ne les pouvait dire et qu'une oreille créée ne les pouvait entendre (2). Ainsi de Maria. Son âme nageait dans une joie qu'elle ne pouvait exprimer et que d'ailleurs nous n'eussions pu comprendre.

Il faut laisser aux saints leurs secrets et attendre

---

(1) S. Grégoire, Hom. XI. *In Evang.*
(2) II Corinth., XII.

de l'éternité la révélation de mystères que notre vie n'est point capable d'entendre ni d'approfondir. « Un jour, dit le bienheureux Raymond de Capoue dans sa Vie de sainte Catherine, je la voyais ravie hors de ses sens, et je l'entendais parler tout bas ; je m'approchai d'elle et je l'entendis parfaitement dire en latin : « J'ai vu les secrets de Dieu : *Vidi arcona Dei*. » Elle n'ajoutait pas autre chose, mais elle répétait toujours : « J'ai vu les secrets de Dieu. » Longtemps après, lorsqu'elle revint à elle, elle ne disait encore que ces paroles : « J'ai vu les secrets de Dieu. » — Je voulus savoir pourquoi. « Ma mère, lui dis-je, pourquoi, je vous en prie, répétez-vous toujours les mêmes paroles, et ne nous les expliquez-vous pas comme à l'ordinaire ? — Il m'est impossible, répondit-elle, de dire autre chose et de le dire autrement. — Mais quelle en est la cause ? Vous avez l'habitude de nous dire sans que nous vous interrogions, ce que Dieu vous a révélé. Pourquoi ne me répondez-vous pas même lorsque je vous le demande ? — Je me reprocherais, me dit-elle, de vouloir rendre ce que j'ai vu, par de vaines paroles; il me semble que je blasphémerais Dieu, que je le déshonorerais par mon langage. Il y a tant de distance entre ce que mon esprit a contemplé, lorsqu'il était ravi en Dieu, et tout ce que je pourrais vous dire, que je croirais mentir en vous parlant. Ainsi je dois renoncer à vous l'expliquer ; tout ce que je puis dire c'est que j'ai vu des choses ineffables (1). » — Telle sera toujours la réponse des âmes que Dieu favorise de ses prédilections. Quelques-unes d'entre elles ont essayé d'écrire ce qu'elles avaient vu et ressenti : leur langage nous étonne. Si nous y retrouvons la trace du rayon brûlant tombé sur elles,

---

(1) B. Raymond de Capoue, *Vie de Sainte Catherine*, c. VI.

il nous devient à peu près incompréhensible, c'est la langue d'une terre étrangère, dont les sons charment nos oreilles et peuvent émouvoir notre cœur d'une émotion vague, mais qui ne dit rien à notre intelligence. Si leur langage au contraire nous est intelligible, nous nous étonnons plus encore, tant il nous semble au dessous de ce que nous avions rêvé Ne soyons donc pas surpris de ne retrouver dans les paroles et les écrits de notre chère Maria que de rares et brèves manifestations de cet état intérieur dont l'étude approfondie nous eût été si agréable. Une seule parole du reste, nous dira suffisamment qu'elles étaient ces effusions de reconnaissance et quels bienfaits les provoquaient.

« O mon Jésus, s'écriait-elle un jour, apprenez-moi à payer cette grande dette de la reconnaissance par la fidélité de l'amour, et que ma vie ne soit qu'une continuelle action de grâces en échange des continuels bienfaits de mon Dieu. »

L'amour de Jésus ne se sépare jamais de l'amour de Marie : le fils et la mère règnent ensemble dans les cœurs prédestinés au royaume de Dieu. Aussi tous les saints ont-ils manifesté une tendresse filiale envers la Reine du ciel. Mais il y a des âmes plus spécialement inclinées vers cet amour, celles que la souffrance et l'abandon conduisent plus naturellement à la consolatrice des affligés et recommandent aux préférences de sa maternelle affection. Maria Nelly fut de ces âmes. Dès le berceau, la pente de son cœur la jette dans les bras de Marie. « Je n'ai plus de mère, lui dit-elle, vous la remplacerez ! » Et ce ne fut pas une vaine parole. Désormais elle se conduisit comme une véritable fille à son égard, et Marie lui fut une véritable mère. Parlez d'elle, exciter à son amour, convier à ses loùanges, telle fut la plus douce et la plus fréquente occupation de notre chère Nelly. Dès l'âge de six ans elle avait fait vœu de réciter chaque jour le chapelet, jamais elle n'y manqua, non pas même lorsque sa dernière maladie eut atteint sa phase la plus douloureuse. Elle fut enfin réduite à ne pouvoir plus réciter les formules de sa prière bien-aimée : alors elle demandait qu'on la récitât près d'elle, et pendant ce temps-là, elle tenait son chapelet entre ses mains, s'unissant comme elle pouvait à ses compagnes, et les remerciant de leur complaisance par ses plus doux sourires.

« Un matin que je la croyais endormie, dit une de ces jeunes filles, n'ayant aucuns soins à lui donner, je priais la sainte Vierge de la soutenir au passage terrible de cette vie à l'Eternité, lorsque je m'aperçus qu'elle me regardait. — Que fais tu donc là, me dit-elle ? — Pour toute réponse je lui montrais mon chapelet. — Merci de ton attention, me dit-elle en souriant ; c'est la plus grande joie qu'on puisse me faire. J'aime tant qu'on prie ma bonne mère auprès de moi. »

Elle parlait à la très sainte Vierge comme si elle l'eut vue réellement présente, lui disant ses peines et ses joies, ses succès et ses défaites, sa reconnaissance et ses désirs, avec la simplicité de l'enfant qui se confie à sa mère. Ses cahiers sont pleins de ses effusions naïves, ou pour mieux dire, ils ne sont qu'une continuelle effusion, puisque c'est à Marie qu'elle adresse constamment la parole. Pour faire goûter, comme il convient, le charme de cette simplicité, il faudrait tout copier. Je me bornerai à reproduire les premières lignes du cahier consacré au mois de mai de l'année 1865, et dans lesquelles Maria se peint si bien tout entière.

« L'humilité et la douceur, voilà ma bonne mère, les deux vertus que je me propose d'imiter pendant ce mois qui vous est spécialement consacré, vertus qui vous furent si chères qu'elles brillaient dans toutes vos actions. Mais il faut pour les posséder, travailler à les acquérir. Je vais donc redoubler d'efforts et de confiance en vous, ma bonne mère ; car vous ne pouvez rien refuser à une âme se confiant en vous. Et je vous demande pour obtenir ces deux belles vertus l'amour de Jésus ; car je sens que sans cet amour tout est pesant et pénible ; et avec lui je puis tout ; obtenez-moi, ma bonne mère, d'aimer Jésus tous les jours davantage. Ce sera là, Marie, ma prière de chaque jour, et toutes mes actions seront faites dans le seul but d'être agréable à Jésus. Je ne rechercherai donc pas les consolations dans son service. Mais, avec votre protection, je m'appliquerai à faire sa sainte volonté ; car l'amour se mesure par les sacrifices. »

Et le 31 mai de la même année, nous la trouvons écrivant ces lignes ravissantes d'abandon filial : « Ma bonne mère, vous ne devez pas être contente de moi ; car je vous avais promis bien plus que je n'ai fait. Je vous demande pardon de toutes mes infidélités. Je vous demande aussi, pour le mois consacré au Cœur de votre divin fils, la grâce de l'aimer davantage et de faire tous les jours quelques sacrifices pour lui prouver que je l'aime. »

Marie répondait à l'amour de son enfant par des témoignages d'un amour que nous pouvons reconnaître, malgré le mystère dont il s'est enveloppé, à certains traits qui nous sont connus. Plus d'une fois, aux jours consacrés à la très sainte Vierge, l'âme de Maria fut visitée par des consolations et des lumières qu'elle prenait grand soin de dissimuler, mais dont ses compagnes retrouvaient la trace dans ses confidences. C'est ainsi qu'un jour de la Présentation de la sainte Vierge, elle reçut la connaissance des préoccupations dont l'âme d'une de ces jeunes filles était agitée, au sujet de la vocation religieuse, et lui donna l'assurance qu'elle était appelée de Dieu à cet état de vie. Une autre fois, au jour de l'Assomption, elle reçut de Maria la promesse formelle que la Reine des Cieux veillerait toujours sur elle, comme la mère la plus attentive, et la préserverait de tout danger.

Elle se sentait, du reste, placée sous une protection spéciale et visible de sa divine patronne. Elle aimait, en ses derniers jours, à se rappeler que les événements les plus importants de sa vie. — Son baptême, sa première communion, sa confirmation, son admission et sa profession dans le Tiers-Ordre, s'étaient accomplis dans ce mois de Marie qui l'avait vue naître et qui devait la voir mourir. — C'était là en effet une coïncidence assez digne d'attention et dans laquelle il est permis de voir une marque des prédilections de Marie pour cette âme.

En terminant ce chapitre, je retrouve présent à mon esprit ce passage d'une lettre du père Besson, qui semble si bien convenir à notre jeune sœur et qu'on me saura gré de reproduire ici : « Vous, plus qu'une autre, ma pauvre enfant, dit-il à l'une de ses filles spirituelles. — Orpheline sur la terre, vous devez vous sentir heureuse que Dieu vous ait donnée, comme une enfant, à sa très sainte Mère ; aussi devez-vous croître chaque jour en confiance et en amour pour elle, cherchant dans son sein tout ce qu'un petit enfant cherche en celui de sa mère. Qu'il soit, ce sein très pur de Marie, votre asile dans la tentation, votre consolation dans vos peines ; les larmes répandues sur le cœur d'une mère qui les essuie, ne changent-elles pas, pour celui qui les répand ainsi, leur amertume en douceur, et en joie la peine qui les faisait couler d'abord ? Plus d'une fois, j'en suis sûr, vous l'avez éprouvé. Ce que je dis là ne se comprend bien que par l'expérience, et cette expérience heureuse vous l'avez faite, je le sais.... Si le souvenir seul de cette céleste mère est si doux sur la terre d'exil, que sa présence sera dans la patrie ? (1) »

Maria le sait maintenant, comme elle a su dans ce monde, par l'heureuse expérience dont parle le Père Besson, ce qu'il y a de force et de consolation dans la tendresse de Marie et dans la correspondance à son amour.

(1) Lettre CLIV.

CHAPITRE IV.

Zèle de Maria pour le salut des âmes.

Les saints n'ont pas seulement le désir de leur propre salut. La foi dont ils vivent, suivant la parole de l'apôtre (1), est de sa nature, une vertu expansive et qu'on ne saurait condamner à la stérilité, sans la condamner par là même à la mort.

« Jésus-Christ, dit le père Lacordaire, a aimé les âmes, et il nous a transmis cet amour, qui est le fond même du christianisme. Aucun chrétien véritable, aucun chrétien vivant ne peut être sans une parcelle de cet amour qui circule dans nos veines comme le sang même du Christ. Dès que nous aimons, que ce soit dans la jeunesse ou dans l'âge mûr, nous voulons sauver l'âme que nous aimons, c'est-à-dire lui donner, au prix de notre vie, la vérité dans la foi, la vertu dans la grâce, la paix dans la rédemption, Dieu infini, Dieu connu, Dieu aimé, Dieu servi. (2) »

(1) *Ad.* Hebr. x.
(2) Le P. Lacordaire, *Sainte Marie-Madeleine*, c. Ier.

Tout chrétien est donc apôtre par cela seul qu'il a en lui la foi vivante, c'est-à-dire unie à la charité. Mais il y a des cœurs en qui brûle avec plus d'intensité la flamme de l'esprit apostolique; et c'est aux âmes virginales que Dieu donne cette soif plus ardente du salut des autres. Il y a fatalement, pour ainsi dire, de l'apôtre dans l'âme vierge, et n'en est plus intimement uni que l'amour des âmes et la parfaite pureté du cœur. Comme en effet, avoir célébré dans la virginité les sublimes fiançailles de l'âme et de Jésus, sans avoir par là même allumé en soi le feu que le Verbe fait chair est venu apporter sur la terre? S'il est mort pour le salut des âmes qui pourra l'aimer, surtout de l'amour privilégié des vierges, sans éprouver la soif qui le consumait sur la croix, l'ardeur qui fait le prêcheur et le martyr?

Ainsi Catherine de Sienne regrettait de ne pouvoir, en raison de son sexe, travailler par l'apostolat aux salut des âmes, et rêvait d'imiter sainte Euphrosine, de quitter comme elle son pays pour quelque terre lointaine, et d'y revêtir l'habit des Frères-Prêcheurs pour secourir les âmes qui périssaient (1). Ainsi Thérèse de Gusman s'enfuyait de la maison paternelle pour aller porter aux Maures la lumière de la foi, ou cueillir sous leur cimeterre la palme du martyre (2).

Maria Nelly sentit de bonne heure cette soif des âmes. « Je vous offre mon cœur, Jésus, écrivait-elle, et je vous l'offre dans toute son étendue. Je vous consacre tous mes sentiments, toutes mes affections, et tous mes désirs : je vous les donne sans retour et sans réserve.

(1) Le B. Raymond de Capoue, *vie de Sainte Catherine,* Ier partie, c. III.
(2) Le P. Marcel Douix, *vie de Sainte Thérèse.*

Que n'ai-je, ô mon Dieu, les cœurs de tous les hommes pour vous les offrir ! Que n'ai-je les transports et les ardeurs de tous les anges et de tous les bienheureux pour vous les consacrer ! Mais puisque je n'ai qu'un cœur, ô mon Dieu, du moins sera-t-il à vous et à vous seul. » — « O mon Dieu, lisons-nous ailleurs, pourquoi la foi des premiers temps est-elle maintenant presque éteinte dans les cœurs ? Le monde est rempli d'incrédules qui ne veulent pas se soumettre à croire ce que vous avez dit vous-même. Mettez donc, ô mon Dieu, dans tous nos cœurs une foi vive, pleine et entière, afin que, s'il y en a qui cherchent à éteindre la foi, il s'en trouve qui puissent vous dédommager. »

Qui ne reconnaîtrait ici l'accent d'un véritable zèle apostolique ? Sauver des âmes, tel fut le rêve constant de cette jeune fille dont l'horizon ne dépassa jamais les murs de son couvent. Que de fois elle a du regretter de ne pouvoir attirer, autrement que par ses prières et ses souffrances, les pécheurs à son Jésus. « Nous ne pouvons prêcher pour ramener des âmes à Dieu, disait-elle à ses compagnes ; mais nous pouvons prier, et Dieu, qui est si bon, nous écoute et convertit les pécheurs. » — Ce qu'elle recommandait aux autres, elle le pratiquait avec une fidélité dont la preuve se retrouve presque à chaque page de ses petits mémoires. — « Je prends la résolution, aux pieds de Jésus, de prier tout le temps de l'Avent, pour ceux qui n'ont pas la foi. » — Et, deux ans après : « Je prends à vos pieds, ô Jésus, la résolution de prier tous les jours du carême, pour la conversion des pécheurs. »

Une de ses fêtes préférées était celle de saint Dominique. Pendant toute la journée, le très Saint-Sacrement restait exposé dans la chapelle de la Présentation, et Maria ne quittait guère le pied de l'autel. Que se passait-il alors entre elle et le Dieu des apôtres, au souvenir de cet infatigable athlète de la justice et de la vérité, dont les jours se dépensaient dans la prédication et les nuits dans la prière et la mortification pour le salut des pécheurs? Je ne le sais pas ; mais il est permis de le conjecturer, et nous verrons, un jour, de quel poids pesèrent ces heures passées aux pieds des autels, dans la balance où Dieu mit en regard les larmes de cette enfant et les mérites de plusieurs âmes !

Mais prier et souffrir n'était pas assez pour son ardeur. Elle exerçait dans l'ouvroir et dans les classes une sorte d'apostolat que la bonté divine rendit fécond en fruits de salut. « Nous n'aurions jamais deviné, me disait la supérieure, tout le bien que cette enfant faisait autour d'elle par ses exhortations et ses conseils. » Chacune de ses compagnes éprouva dans son temps, la douce et forte influence de cet esprit apostolique ; mais il en est quelques-unes en qui cette influence imprima des traces plus profondes, et c'est d'elles que nous allons en apprendre la ravissante histoire.

C'est une coutume dans l'Orphelinat de la Présentation que les plus jeunes soient confiées aux plus âgées, qui doivent leur rendre tous les petits services dont elles sont capables, les former à l'observation de la règle, et leur apprendre, autant qu'il est en leur pouvoir la pratique des vertus chrétiennes. L'enfant qui fut confiée à Maria ne l'aimait pas. Ce fut pour elle un motif de plus de travailler de toutes ses forces à la formation de ce jeune cœur.

« Elle n'ignorait pas, dit cette enfant, qu'intérieurement je ne répondais pas à l'amitié qu'elle me portait, et cependant jamais je n'ai pu saisir, dans sa manière de me parler, quelque chose qui m'indiquât que mes sentiments à son égard lui étaient connus. Au contraire, lorsqu'elle s'en apercevait d'une manière plus sensible, elle redoublait d'attention et de bonté pour moi. Alors je reconnus mon erreur et je commençai à mieux l'aimer..... Elle m'engageait à offrir de petites mortifications à Notre-Seigneur..... Plusieurs fois, étant à table, je refusais ou j'acceptais de mauvaise grâce ce qui m'était présenté : alors sans que personne s'en aperçût, elle me montrait le Crucifix au-dessous duquel elle était placée..... Entre autres conseils, elle m'engageait souvent à être véritablement pieuse sans le montrer, et à faire le bien sans qu'on pût le remarquer. Ainsi, en toute occasion, Maria exerçait sa charité envers moi. »

Outre cette charge qu'elle avait acceptée avec tant de zèle et de douceur, Maria s'était encore engagée à préparer, chaque année, quelques-unes de ses plus jeunes compagnes à leur première communion. « Chaque soir, dit l'une d'elles, Maria me prenait à part, et tâchant de me faire bien comprendre la grande action à laquelle je me préparais, elle m'exhortait et me donnait de bons conseils, n'oubliant pas de me fixer une pratique pour le lendemain. Un jour que j'avais été interrogée au catéchisme et que je n'avais pu répondre, ma maîtresse me dit que je ne ferais pas ma première communion. Je courus aussitôt le dire à Maria qui me dit de ne pas me décourager, que Dieu avait peut-être fait cela pour m'éprouver, parce que je ne me préparais pas assez bien, et que, si j'étais remise à l'année suivante, je l'en remercie parce que je ferais mieux ma communion..... « Oh ! comme je voudrais être à ta place, ajoutait-elle, il me semble que

Maria Imelda Nelly.   3

si je pouvais recommencer ma communion, je la ferais avec une si grande ferveur que Dieu ne pourrait rien me refuser ! »

Quelquefois la tâche était facile ; mais il arrivait aussi que la pauvre Maria ne trouvait à labourer qu'une terre dure et aride. Je ne puis me rappeler sans émotion le récit de cette petite fille à tête légère qu'elle avait entrepris de préparer à une bonne communion.

« Elle m'avait prise de préférence, parce que j'étais la plus légère. Un jour, au réfectoire, je ne voulais pas manger ce qui m'était servi. Elle me dit : Madeleine, vous êtes une égoïste. N'êtes-vous pas bien heureuse que Notre-Seigneur soit mort pour vous sur la croix ? Et vous, pour vous préparer à votre première communion, vous ne mangerez pas une chose qui vous déplaît ! Vous voulez tout de Dieu et vous ne voulez rien lui donner. — Une autre fois, que je manquais à la règle, elle me dit : Vous ne voulez pas vous rendre à la cloche. Eh bien ! au moment de faire votre première communion, Dieu ne sera pas prêt ! — Une autre fois Maria me dit : Je prie Dieu tous les jours pour qu'il ne permette pas que vous fassiez votre première communion, plutôt que de la trahir par une mauvaise communion. Vous ne voudriez pas trahir Jésus comme Judas. Eh bien ! cependant, si vous faites mal votre première communion, cela sera pareil. Si vous deviez la faire, non pas sacrilège mais tiède, il vaudrait mieux attendre à l'année prochaine. »

L'enseignement portait des fruits, mais qui ne duraient guère. La légèreté de Madeleine nuisait à sa bonne volonté, et c'était souvent à recommencer. La veille même de sa mort, la jeune catéchiste avait encore à prêcher. Il s'agissait, cette fois, de la contrition : à quoi la pénitente n'entendait pas grand chose, et, je crois, se souciait assez peu de rien comprendre. Ecoutons-la parler : « Elle me dit en me faisant mettre à genoux près de son lit : Madeleine, pensez-vous au Sacrement que vous allez recevoir, et avez-vous la contrition de vos fautes? Il faut faire comme votre patronne. Si sainte Madeleine n'avait pas eu une si grande contrition, Dieu ne lui aurait pas pardonné comme il l'a fait. Avez-vous le regret de vos fautes? Le prêtre aura beau vous absoudre, Dieu ne vous pardonnera pas.... »

Je n'entends pas garantir l'exactitude du discours, en tant qu'il nous est conservé par celle qui l'entendit ; mais j'ai tenu à reproduire ses expressions parce qu'elles respirent, dans leur naïveté, un charme que rien ne pourrait me faire pardonner de leur avoir ôté.

Les enfants les plus jeunes avaient la prédilection de notre chère Nelly, parce qu'elle trouvait en elles plus de candeur et de docilité. Cependant elle ne négligeait pas ses compagnes plus âgées, et travaillait, avec une exquise délicatesse de sentiment et d'expression, à les porter vers Notre-Seigneur. « Que de fois, rapporte une des plus âgées, dans les épanchements de l'amitié, ne m'a-t-elle pas dit : — Si tu savais la joie que l'on goûte dans l'union intime avec Jésus! Ce n'est pas que je lui sois bien unie, mais il m'arrive parfois de me tenir une journée en présence, et ce jour-là mon cœur est heureux. Je voudrais te faire partager ce bonheur. Mais il faut faire des sacrifices. L'union fait la force : Eh bien ! nous nous appliquerons ensemble à nous tenir continuellement sous les yeux du divin maître..... — Hélas ! ajoute la même jeune fille, je m'aperçus bientôt que seule elle faisait ce qu'elle avait voulu me faire promettre, et que sous ce rapport comme sous bien d'autres elle m'avait devancée. »

Maria remarquait bien ces défaillances de son amie : alors elle se hâtait d'accourir au secours de l'âme chancelante. « Un jour que j'avais offensé une de mes maîtresses et que j'étais résolue à ne pas lui en demander pardon, Maria me conseilla de me soumettre, et sur mon refus : — Ah ! si tu savais, me dit-elle, comme tu dois contrister le cœur de Notre-Seigneur, lui qui est si aimant et si bon ! J'en juge par la peine que j'éprouve, moi qui cependant ne t'aime pas comme il t'aime.... — Peu de temps après, elle me parlait du renoncement, et comme je gardais le silence, elle me dit : — Je crois, vois-tu, que ton bonheur est là, dans l'exercice de cette vertu, et que de ce côté tu résistes à la grâce. Veux-tu convenir d'une chose ? Chaque fois que nous recevrons Notre-Seigneur dans la sainte communion, nous lui demanderons l'une pour l'autre une grande docilité à ses inspirations. — Elle tint parole, et le jour même où elle fut administrée, elle me le disait encore, m'assurant que dans le Ciel elle ne cesserait de demander cette grâce au bon Dieu pour moi. »

Elle n'hésitait pas à reprendre doucement, mais avec une autorité que personne ne songeait à lui contester, celles qui s'écartaient du droit chemin. — « Un jour, raconte une de ces petites égarées, Maria me disait qu'elle avait remarqué, qu'en plusieurs pensées exprimées par moi devant toutes mes compagnes, je satisfaisais ma vanité ; elle me conseilla dans ces circonstances de garder le silence plutôt que de parler et d'offenser Dieu. » Une autre ajoute : « Elle ne me cacha pas qu'elle voyait avec peine mon ralentissement dans le service de Dieu ; qu'autrefois j'étais plus pieuse et qu'il lui semblait que je pratiquais davantage la vertu : — Comme vous seriez plus heureuse, si vous vouliez redevenir ce que vous étiez avant ! — Elle ajoutait à ces paroles un tel esprit de charité qu'on voyait combien étaient grandes l'affection et la sollicitude dont elle était pénétrée pour les âmes. »

Mais ce n'est pas assez de reprendre ceux qui tombent, il faut encore savoir les consoler ; car la chute n'est jamais sans douleur, et la honte n'en est pas toujours le plus dur châtiment. Ecoutons encore une des compagnes de Maria nous dire en quelques mots comment elle comprenait ce devoir : « Un jour que j'avais fait une faute, je n'ai pas tardé à m'en repentir. Maria, me voyant triste, s'approcha de moi. Après que je lui eus raconté ce que j'avais fait, elle me dit de prendre courage, que c'était le bon Dieu qui m'envoyait cette humiliation pour éprouver ma bonne volonté. Alors je me suis sentie consolée et raffermie. »

— « Un jour, me voyant triste, dit une autre enfant, elle s'approcha de moi et m'en demanda la cause. Elle le fit avec une bonté qui attira ma confiance et je lui racontai tout ce qui me faisait de la peine. Alors elle me consola et me donna de puissants motifs de résignation. — Vous savez, me dit-elle, que le bon Dieu éprouve davantage ceux qu'il aime. S'il vous afflige, ayez confiance, allez à lui, ouvrez-lui votre cœur et il vous consolera. — Puis elle me quitta en me promettant de beaucoup prier pour moi. »

La jeune fille qui raconte ce dernier trait n'était pas de l'ouvroir, et Maria ne pouvait la voir que par accident. Cependant elle avait pour cette enfant une sorte de prédilection, dont la raison ne tarda pas à se montrer. Je continue à citer : — « Un jour, c'était la fête de la Présentation de la Sainte Vierge, elle me dit qu'elle avait demandé une grande grâce à Jésus pour moi. Je lui demandai laquelle, mais elle refusa de me la dire en public. Comme je la pressais, elle me prit à part et me dit ces paroles : — J'ai demandé pour vous à Jésus qu'au sortir de la pension vous accomplissiez sa volonté en suivant la voie qu'il vous a tracée. — Puis elle me fit cette question : — La connaissez-vous ? — J'en ai un pressentiment, répondis-je. — Et moi je suis sûre, reprit-elle, que Jésus vous appelle à lui. Pensez-vous comme moi ? — Oh ! quel bonheur, dit-elle, sur ma réponse affirmative ! — Dans cette exclamation je vis la soif qu'elle avait de gagner des âmes à Jésus. Puis elle reprit. — N'est-ce pas que c'est bien la meilleure voie ? Le monde est maintenant si corrompu qu'il est difficile d'y demeurer sans diminuer, au moins un peu, en soi l'amour de son Dieu. Allons ensemble à Jésus dans le sacrement de son amour. Nous prierons l'une pour l'autre, afin qu'il nous fasse la grâce de répondre à son appel s'il en est ainsi. — Puis nous allâmes faire une heure d'adoration, car le saint Sacrement était exposé. »

C'étaient là les joies de Maria. Mais elle avait aussi ses douleurs, et rien ne saurait peindre sa tristesse quand une âme aimée délaissait Dieu sans apparence de prochain retour. Une de ses compagnes, qui avait été l'édification de l'orphelinat tant qu'elle y était restée, mais qui, depuis son entrée dans le monde, avait donné des preuves d'une grande légèreté, mourut dans le courant de l'année 1863. Cette mort, précédée d'une vie si frivole, attrista profondément Maria. « Qu'avait-elle donc fait, disait-elle, pour que Dieu livrât ainsi à elle-même une âme qui paraissait si pieuse et qui s'est égarée ? Que deviendrons-nous ? Que sera donc notre

mort à nous qui avons si peu d'amour pour Dieu ? »
Ses derniers jours furent assombris par une tristesse
de même nature. Une de ses amies d'autrefois, en qui
se remarquait un peu de négligence pour ses devoirs
depuis sa sortie du couvent, étant venue la visiter, elle lui
dit : « Vous voyez, je suis bien malade, je vais mourir,
et je souffre beaucoup. Eh bien ! j'aime mille fois mieux
être à ma place qu'à la vôtre. Je suis bien plus heureuse que vous. Moi, je vais à Dieu, et vous !.... » Elle
n'acheva pas ; mais le douloureux accent qui accompagnait ces paroles disait assez de qu'elle amertume
et de quelle crainte son cœur était rempli. Le jour
même de sa mort, quelques instants seulement avant
son dernier soupir, cette jeune fille revint. Maria la
regarda tristement et lui dit d'une voie brisée : « Ah !
si vous saviez ce que c'est !... si vous voyiez les choses
comme je les vois à cette heure suprême, que les vanités du monde, les choses frivoles vous feraient
compassion !... Comme vous seriez plus sérieuse !
Comme vous chercheriez Dieu avant tout !... Je
vous en conjure, devenez donc plus sérieuse. »
Puisse cette âme, pour qui furent les dernières paroles de notre chère mourante, les garder profondément
gravées dans sa mémoire, et s'en souvenir au jour de
l'épreuve, afin d'y puiser une consolation et un encou-
ragement. N'a pas qui la veut la joie d'être admise
dans l'amitié des saints, et c'est une grâce qui devient
un lourd fardeau au jour des justices divines, que
celle de les avoir eus pour confidents et pour avocats
devant Dieu.

Ainsi, jusqu'à la dernière heure, le zèle des âmes
avait fait battre le cœur de cette enfant. Elle ne pouvait plus parler, que son sourire disait encore la puissance de cette parole : « Maria, offrez vos souffrances

pour le salut des pêcheurs ! » — Aussi ne puis-je mieux terminer ce chapitre que par les paroles d'une de ses maîtresses, celle qui en avait été chargée le plus longtemps et avait reçu ses plus intimes confidences : « Chère enfant, je n'étais pas présente à votre départ pour l'éternité. Mais, trois mois plus tôt, vous étiez tombée en mes bras, comme morte de douleur de vos péchés, de ceux de vos compagnes et de ceux de tous les hommes. Du haut du ciel, priez pour les pêcheurs, et ne m'oubliez pas ! »

CHAPITRE V

Maria prédit sa mort. — Sa dernière maladie.

Cependant la vingtième année de Maria commençait. Le 1 janvier, elle écrivait : « Faites-moi la grâce, ô mon Dieu, pendant cette année de travailler sérieusement à l'avancement de mon âme, chose à laquelle on pense si peu et qui pourtant est si importante. Accordez-moi, je vous prie, ces pensées salutaires du jugement et de l'éternité, dans mes négligences, afin que mon âme se ranime et s'apprête de plus en plus à ce grand jour par de bonnes et saintes actions. »

Le jour de l'Eternité approchait en effet pour elle : c'était l'heure de la délivrance, mais aussi l'heure d'une suprême épreuve.

Dès le commencement de l'année, elle fut atteinte d'une maladie de poitrine, dont la fin ne fut bientôt plus un mystère pour personne, non-seulement en raison de la gravité du mal, mais encore parce qu'on se rappela cette parole qu'elle avait dite : « Je mourrai ici à vingt-et-un ans. »

Le monde avait toujours été pour Maria l'objet d'une terreur et d'une répulsion profondes, non-seulement parce qu'elle se sentait toute seule et qu'elle s'effrayait de son isolement pour l'heure où il lui faudrait quitter l'asile de son enfance, mais encore parce qu'elle sentait son cœur brisé à la pensée des misères et des désordres dont elle serait entourée. Un jour, une religieuse parlant devant elle du monde et de ses dangers, elle interrompit cette conversation par un cri de tristesse et d'effroi. « Je ne veux pas, dit-elle en joignant les mains avec un regard d'ardente supplication, je ne veux pas savoir ce qui se passe dans le monde. J'ai peur d'apprendre des choses qui me feraient du mal. »

Cette horreur et cette crainte du monde éclatent à chaque page, pour ainsi dire, de ses petits mémoires. Mais c'était surtout en se considérant elle-même qu'elle se sentait saisie d'une tristesse et d'une inquiétude que rien ne pouvait dissiper. Elle se réfugiait alors dans la prière, offrait son cœur à Jésus avec un élan passionné, et le suppliait de ne pas permettre qu'elle cessât de lui appartenir. « O mon doux Jésus, dit-elle quelque part, faites-moi la grâce de ne jamais abandonner votre service et de rester toujours pure et ferme dans la foi, lorsque quittant l'asile protecteur de ma jeunesse, je me trouverai exposé au milieu d'un monde corrompu, — et de ne jamais déshonorer par mon infidélité la religion à laquelle j'ai le bonheur d'appartenir. Que ma volonté soit toujours unie à la vôtre, et que, dans les moments difficiles de la vie, je jette avec confiance toutes mes inquiétudes dans votre divin Cœur. Que je dise, sinon de bouche au moins de cœur : O mon Dieu, que votre volonté soit faite et non la mienne ! »

Ces expansions brûlantes soulageaient un instant ce pauvre cœur troublé. Mais la paix ne durait guère. Le monde était toujours là, devant ses yeux, avec ses pièges habilement tendus à l'inexpérience et la faiblesse, avec ses naufrages irréparables, avec ses remords inutiles peut-être, et l'attente formidable de la justice de Dieu. La pauvre enfant n'avait guère d'autre préoccupation et tâchait d'en alléger le poids en la communiquant à ses compagnes. Mais que peut la parole humaine, eût-elle l'autorité de la science et des années au lieu de traîner le poids de la jeunesse et de l'ignorance, contre ces déchirements intimes dont Dieu seul a le remède comme il en a seul le secret? Il eut pitié de cette douleur et la calma par un de ces coups de miséricorde qui signalent la vie des saints comme la marque de leur prédestination.

Maria avait alors quinze ans. « Un jour, raconte une de ses plus jeunes compagnes, elle me dit : — J'ai prié Notre-Seigneur et il m'a exaucée. Je lui ai demandé de ne pas quitter cette maison, dans la crainte de perdre mon innocence. J'ai peur du monde. Je mourrai ici à vingt-et-un ans. Le bon Dieu m'a tout fait voir, ma maladie, mes derniers moments, ma mort. Je me suis vue dans le cercueil, entourée de toutes mes compagnes. Il y a une chose que je n'ai pas bien comprise, mais qu'importe? Je suis assurée de conserver la pureté de mon âme. »

L'enfant, à qui cette confidence était faite, fut saisie d'étonnement et garda le secret qu'on lui demandait moins encore par discrétion que par crainte. Mais ce qu'elle ne dit pas, le changement étrange qui s'opéra tout-à-coup dans la vie de Maria le dit, et bien mieux pour les esprits attentifs. La certitude de mourir à l'abri du monde répandit dans cette âme un calme surprenant. Une sérénité pleine de force se manifesta désormais dans toutes ses actions : ce fut une transformation complète. On eût dit qu'une nouvelle vie lui était venue avec cette assurance de mort. « A partir de ce moment, dit la sœur N., toutes les peines qui la crucifiaient disparurent, et de ce jour, je compris que Dieu était satisfait et que pour elle la mort arrivait. »

Aussi quand la maladie se déclara, une douloureuse certitude envahit tous les cœurs. Maria seule resta ce qu'elle était devant les atteintes de ce terrible mal qui prend la vie goutte à goutte, pour ainsi dire, et ne fait grâce à sa victime ni d'une angoisse ni d'une souffrance, dans une agonie aussi longue que la maladie elle-même. Elle avait fait à Dieu une prière dont l'exquise délicatesse émeut jusqu'aux larmes. Considérant les ennuis sans nombre qu'occasionne aux garde-malades le genre de souffrances par lesquelles il lui fallait terminer sa vie, et craignant d'être à charge aux religieuses ou à ses compagnes qui devaient la soigner, elle avait demandé à Dieu de lui laisser la douleur mais d'en épargner à ses sœurs les apparences répugnantes. Ce désir fut exaucé. En dépit des soins les plus attentifs, j'allais dire les plus désespérés, la mort fit lentement mais sûrement sa route, sans rien ôter à la sérénité et à la paix de l'âme qu'elle allait dégager de ses liens, sans rien offrir non plus de repoussant au regard ou à la pensée de ceux qui servaient la malade. Les traits de Maria n'exprimaient en aucune manière ce lourd travail de la mort, dont le spectacle brise les âmes les plus fermes : ils avaient conservé toute la beauté grave et douce dont ils étaient empreints d'ordinaire. Une faiblesse croissante était le seul indice auquel on pût mesurer les progrès du mal.

Maria n'en continua pas moins de prendre part aux exercices de la communauté, jusqu'au jour où, ses forces trahissant son courage, il lui fallut bien se résigner à garder le lit. Encore alors voulut-elle continuer de descendre à la chapelle pour y faire ses communions accoutumées. Il lui semblait irrévérencieux de forcer le Seigneur à monter vers elle tant qu'il lui restait assez de force pour se traîner jusqu'à lui. Un jour pourtant, elle ne put, même avec l'appui de ses compagnes, accomplir ce délicieux pèlerinage qui la conduisait aux pieds de son Jésus ; mais toujours soumise à la volonté du divin Maître, elle renferma ses plaintes dans son cœur et attendit tranquillement la dernière visite de Celui qu'elle avait tant aimé.

On s'empressait autour d'elle avec une affection pleine de respect. Depuis le jour où les premiers coups de la maladie l'avaient avertie de se tenir prête, tout le monde avait été frappé de ce que sa vertu avait d'achevé. Sa patience était plus grande encore. Aucune plainte ne s'échappait de ses lèvres, même au milieu des crises les plus douloureuses. Son humilité était aussi devenue plus profonde et avait atteint ces limites où les saints peuvent seuls la conduire. On eût dit que l'empressement dont elle était l'objet lui faisait peine, comme si elle eût craint d'être pour quelqu'un le sujet d'une tristesse ou d'une fatigue. Les moindres services amenaient sur ses lèvres l'expression de la plus vive reconnaissance. Elle n'aimait pas à rester seule, bien qu'elle gardât habituellement le silence ; mais elle prenait grand soin de ne pas gêner ses compagnes par la manifestation de son désir à ce sujet, et pour agréable que lui fût leur présence, elle ne manquait jamais de les avertir quand leur devoir les appelait ailleurs.

« Un jour, dit une de ses amies, je me trouvais auprès d'elle : un exercice sonna. Voyant que je ne voulais pas la laisser seule, elle me regarda et me dit : — Tu as entendu la cloche ; c'est un sacrifice pour toi et pour moi, mais descends vite, car tu serais en retard. » — « Peu de jours avant sa mort, ajoute une autre, je me trouvais auprès d'elle quand l'exercice du mois de Marie sonna ; et, comme je ne me pressais pas de m'en aller, craignant de la laisser seule, elle me dit doucement : — La cloche t'a appelée ; il ne faut pas que ce soit moi qui te retienne. Va où le devoir t'appelle et prie pour moi. » — « Le jour de l'Ascension, me disait encore une autre jeune fille, étant dispensée des Vêpres pour une raison légitime, je passais ma soirée avec elle. — Je suis bien contente, me dit-elle, que tu restes auprès de moi ; mais si tu t'étais privée des Vêpres pour moi, cela m'aurait fait de la peine. »

La souffrance ne lui avait rien ôté de son recueillement et de son union avec Dieu. Elle tenait habituellement dans ses mains le rosaire, soit qu'elle le récitât, soit qu'on le dit en sa présence lorsque son accablement ne lui permettait pas de prononcer les paroles ; mais ce recueillement n'avait rien d'éxagéré ni de pénible pour les autres. Toutes celles qui l'approchaient trouvaient sur son visage la même expression souriante, et sur ses lèvres les mêmes paroles de joie et de reconnaissance. Quand elle se taisait, on voyait au calme de ses traits que son âme n'avait rien perdu de sa sérénité au contact de la souffrance. Elle tenait ses regards fixés d'ordinaire sur les pieuses images qui entouraient son lit ; quelquefois aussi elle les attachait sur les personnes présentes, avec une persistance qui semblait indiquer l'intention de lire jusqu'au plus profond du cœur. Aucun trouble ne venait à l'esprit de celles que son regard suivait ainsi : tout au contraire, plusieurs ont avoué qu'elles en avaient éprouvé de la consolation. — « Quelques instants avant sa mort, dit une de ses compagnes, n'ayant pas osé, de peur d'être indiscrète, lui demander de prier pour moi quand elle serait dans le ciel, je compris, à son regard fixé sur moi, que je ne lui avais rien demandé mais qu'elle m'avait comprise et ne m'oublierait pas. » — J'ai fait moi-même l'expérience de ce regard impérieux et j'avoue en avoir ressenti et gardé une impression pleine de charme et de douceur.

Quand elle ouvrait la bouche, c'était toujours pour dire des choses agréables à ceux qui l'approchaient, et plus souvent encore pour demander des prières ou parler de Dieu. Comme une lampe prête à s'éteindre jette une lumière plus éclatante, cette âme, avant de retourner à son Créateur, semblait prendre à tâche de se révéler sous les plus merveilleux aspects. Toutes les vertus qui avaient marqué le cours de sa vie s'étaient donné rendez-vous à son chevet, et le semaient de fleurs encore plus brillantes et plus parfumées. Elle avait pour Dieu des élans que n'eussent point désavoués les âmes les plus ardentes, dont l'histoire des saints garde le souvenir. — « Mes désirs sont grands, s'écriait-elle à l'heure où, ses forces trahissant sa volonté, il lui fallut enfin se séparer de ses compagnes; — mes désirs sont grands et dépassent toutes les bornes de la terre. Mon premier est d'aimer Jésus plus que tout le monde, de l'aimer sans partage et de faire toutes mes actions pour lui plaire ; — de ne jamais oublier que je suis en sa présence et de m'entretenir souvent avec lui dans la journée; — de ne jamais manquer de lui offrir toutes mes actions; — d'aimer à être ignorée, méprisée, calomniée pour Jésus; — et de m'approcher souvent de lui dans son sacrement adorable, avec une grande ferveur et l'humilité dans le cœur. Vous les connaissez, Marie ! c'est à vous de me protéger et de faire que je les accomplisse ! »

Ce sont les dernières lignes qu'elle ait écrites. En la voyant mettre, en tête de la petite feuille qui les contient, ces mots *mes désirs*, ses compagnes l'arrêtèrent et lui dirent : « Vous vous trompez, Maria ; c'est *mes souvenirs* que vous devez écrire ! » — Elles ne savaient pas dire si vrai ; c'étaient bien ses souvenirs, les élans de toute sa vie, toutes ses préoccupations et toutes ses joies qu'elle résumait en ces mots. Mais c'étaient aussi ses désirs ; car la dernière heure n'était pas encore arrivée. Déjà sans doute, elle entendait le pas de l'Epoux qui vient et sa voix qui appelle dans le silence ; mais l'instant précis de sa venue ne lui était pas révélé, et son cœur, tout en se dilatant dans la joie de l'espérance, frémissait à la pensée des vierges imprudentes, que le Seigneur surprit dans le sommeil, près de leurs lampes épuisées (1). C'est pourquoi, loin de se reposer dans le souvenir des efforts et des succès du passé, la vierge sage ravissait en son âme le feu des saints désirs.

On a dit avec raison que la vertu de certaines âmes fait peur ; jamais cette parole ne fut plus applicable. En entendant cette pauvre enfant s'écrier : « Mon désir est d'aimer Jésus ! » nous n'avons au cœur qu'un sentiment d'admiration et de pieuse envie. Mais en l'entendant ajouter : « Mon désir est d'être ignorée, méprisée, calomniée pour Jésus ! » je ne sais quel frisson parcourt les veines, à la pensée surtout de cette nature ardente et fière qu'il avait fallu réduire à boire

(1) Matth. xxv.

le calice demandé. Comment pourrions-nous ensuite nous étonner de cette patience inaltérable dans les souffrances physiques bien plus faciles à supporter que celles de l'âme? Aussi ne m'y arrêterais-je pas, si je n'avais à faire remarquer en notre chère malade le trait distinctif des élus aux prises avec la douleur.

C'est le devoir du chrétien d'accepter la souffrance avec résignation, et c'est la gloire de l'homme de la porter avec calme et sans murmure. Mais la désirer, s'y complaire, craindre de l'amoindrir, c'est la part des saints. — « Un jour qu'elle souffrait plus qu'à l'ordinaire, dit une de ses compagnes, j'étais auprès de son lit, et je lui dis : — Si nous pouvions prendre un peu de tes souffrances pour te soulager, nous le ferions de bon cœur. — Je le sais, me répondit-elle, mais alors je n'aurais plus de mérite. » — Une autre fois, dans son agonie, elle buvait un breuvage qu'on lui avait présenté, mais qui lui répugnait. Sa compagne lui proposa d'en prendre un autre : « Oui, dit-elle ; mais avant, je boirai celui-ci, puisqu'on ne me le défend pas. »

La nuit même qui précéda sa mort, lorsque les crises se multipliaient avec un redoublement de souffrance pour elle, on eût dit qu'elle goûtait le calme le plus profond et le plus exempt de douleur. — « Ma mère, dit-elle le matin à la supérieure, comme j'ai été bien, cette nuit! Est-ce étonnant! Je ne souffrais pas, j'ai dormi ; je me disais : si ma mère savait comment je suis bien, comme elle dormirait tranquille ! » — Ce qu'elle appelait être bien c'était l'agonie, si pénible que les religieuses chargés de veiller la malade tremblaient à chaque instant de la voir succomber. Mais elle aurait eu peur, en laissant échapper quelque plainte, de perdre le mérite de son mal et d'occasionner quelque peine à celles qui lui témoignaient tant d'amour. Cette pieuse dissimulation ne trompait personne, pas même ses jeunes compagnes. — « Sa charité, dit l'une d'elles, allait jusqu'à ne me parler jamais de sa mort prochaine de peur de m'affliger, comme elle me l'avoua elle-même. Elle paraissait toujours gaie, souriante, heureuse. » — « Malgré ses souffrances, dit une autre, elle avait toujours le sourire sur les lèvres, et lorsqu'on s'informait de sa santé, elle n'avait toujours qu'un mot à répondre : — Je vais bien, mais il faut prier pour moi. »

Cependant, il importe de ne pas l'oublier, le sacrifice n'avait pas été sans amertume. On ne quitte pas la vie à vingt ans sans hésitation et sans regrets. La nature même du mal qui consumait la jeune victime, est d'accroître, dans l'âme de ceux qu'il atteint, les illusions de l'espérance et la répulsion de la mort. Qui n'a vu s'éteindre des poitrinaires, et qui n'a pas senti son cœur se briser, en leur entendant épancher le trop plein de leurs rêves ou de leurs déceptions, dans des projets d'avenir obstinément recommencés ou dans des plaintes déchirantes quand l'évidence frappait leurs yeux? Maria Nelly mourait poitrinaire à vingt ans. Elle ne savait rien de la vie, rien du monde. La vie a bien des séductions pour les imaginations de vingt ans, et le monde, encore qu'elle en eût tant d'horreur, n'en était pas moins pour elle, comme pour toute âme jeune, la terre de l'inconnu qui garde, derrière ses frontières inexplorées, tant de délices mêlées à tant de périls. Dieu d'ailleurs, qui voulait mettre au sacrifice de cette enfant le sceau de la perfection, ne pouvait l'exempter des retours et des hésitations inséparables de son âge, de sa lente agonie, et de son **renoncement lui-même.**

Je ne sais si j'ai bien compris la pensée qui se fait jour à travers les formules mystérieuses, sous lesquelles l'humble enfant dissimulait ses luttes et ses victoires de chaque jour ; mais il me semble difficile de la méconnaître. Quand revint le mois de mai de l'année 1865, le mal dont elle devait mourir commençant ses ravages, elle écrivait pour elle seule. « Aujourd'hui (1 mai) j'ai un sacrifice qui me coûte beaucoup à faire, vous le savez, ma bonne Mère. J'ai pris pour pratique de le renouveler plusieurs fois dans la journée, et je crois l'avoir fait. » Et le lendemain. « Dès mon réveil, j'ai eu occasion de renouveler mon sacrifice. Dieu l'avait accepté, je pense, puisqu'il l'a achevé ; et pourtant, je dois le dire, je n'ai pas été bien résignée. Je sentais en moi quelque chose qui me révoltait. Je demandais au bon Dieu pourquoi il me faisait faire un si grand sacrifice. Je lui ai demandé pardon de ce manque de générosité, et j'ai renouvelé encore une fois mon sacrifice. »

Quel pouvait être ce sacrifice, en présence duquel une âme si douce et si résignée d'ordinaire se révoltait, contre lequel s'élevait une protestation devant Dieu, et qui semble porter par excellence ce nom douloureux, *mon sacrifice* ? N'est-il pas permis de croire que ce calice, dont l'amertume éloignait, par instants, les lèvres de l'agonisante, était le même dont le Fils de Dieu avait dit, au jardin des Olives. « Faites qu'il s'éloigne de moi ! » — N'est-ce pas encore la même pensée que nous retrouvons dans ces paroles mélancoliques écrites au 1 janvier de l'année 1866. « O mon Dieu, voilà une année de passée ! et je suis en présence d'une autre que je ne verrai peut être pas se terminer. La mort qui a frappé ceux qui m'entouraient viendra peut-être pour me trouver. Je veux donc employer tous les instants de cette année à mon avancement spirituel, car l'éternité s'approche, et je ne veux pas me trouver en face de mon juge sans avoir rien fait pour vous. »

Une parole dite à l'une de ses compagnes semble montrer encore davantage l'impression que je signale. « Un jour, dit cette jeune fille les émotions furent plus vives. En me parlant de la mort, du sacrifice qu'elle désirait faire entièrement de sa vie, elle versa quelques larmes. Puis voyant que je m'attristais : — Je te fais de la peine, disait-elle, et c'est parce que tu me vois si peu généreuse, j'en suis sûre. Demande donc pour moi à Notre-Seigneur plus de soumission à sa volonté. » — C'est toujours, on le voit, la même poignante incertitude, le même triste regard sur la vie qui s'en va, la même anxieuse interrogation de l'avenir. Mais aussi, hâtons-nous de le dire, c'est toujours la même résignation devant le sacrifice, comme un écho de la parole de Gethsémani : « Que votre volonté se fasse et non pas la mienne (1). » Le roseau frissonnait au vent qui passe, mais reprenait bientôt sa calme et fière attitude sous le ciel rasséréné.

Autour de la mourante nous retrouvons la même résignation et la même incertitude. Le mal faisait chaque jour des progrès, l'issue ne semblait plus douteuse, et cependant l'espoir restait. Il paraissait impossible à ces religieuses et à ces enfants que Dieu leur enlevât l'objet de tant de larmes et de prières. Mais la terre avait assez longtemps possédé ce trésor que le ciel redemandait· Une circonstance touchante vint en donner la certitude.

(1) Matth. XXVI.

Vers le mois de mars 1866, la jeune fille à qui Maria avait fait connaître l'époque de sa mort, vint trouver l'une des religieuses et lui dit avec tristesse : « — Ma sœur, est-il vrai que Maria va mourir? » — Oui, répondit la sœur, le médecin ne nous donne aucun espoir de guérison. » — L'enfant garda le silence un instant, puis reprit. « Il y a longtemps qu'il me tardait de voir mon amie atteindre sa vingt-et-unième année. » Et alors elle raconta la confidence qu'elle avait autrefois reçue et dont elle avait gardé le secret jusque là. Cette conversation ne fut connue que d'un petit nombre de personnes, avant la mort de Maria ; mais la tristesse peinte sur leur visage gagna tous les cœurs. L'espérance s'évanouit peu à peu, et bientôt on ne songea plus qu'à disputer à la mort, non pas des jours, mais quelques instants précieux, à l'égal des années.

Pendant ce temps la vingt-et-unième année de Maria s'achevait,

« Le 14 mai, au soir, vers huit heures, raconte la supérieure ; je la quittais en lui disant : — A demain ! Lorsque je vous reverrai, vous serez majeure. (Elle était née à dix heures du soir.) — Alors Maria : Mais, ma mère, si je n'y étais plus demain ! — Oh! vous ne mourrez pas cette nuit. Vous n'avez pas assez souffert; il faut, mon enfant, souffrir beaucoup plus pour mourir. (La journée avait été cependant très difficile, et plus d'une fois je me demandais si elle irait jusqu'au soir.) — Mais, ma mère, c'est que j'ai demandé de mourir à vingt et un ans, et je ne sais pas si ce sera aujourd'hui même. Aurait-on le temps de me donner les derniers sacrements avant dix heures! — Oui, mais vous ne mourrez pas cette nuit; on vous donnera l'Extrême-Onction demain. — Alors,

avec son regard fixe et lumineux, elle me sourit comme une personne bien sûre de ce qu'elle dit : — Je ne l'ai pas demandé rien qu'une fois, mais tous les ans, le Vendredi-Saint, parce qu'on m'a dit que le bon Dieu ne refuse jamais ce qu'on lui demande ce jour-là.
— Vous ne m'avez pas demandé la permission de solliciter la mort ? — Non, mais j'avais dit au bon Dieu que je désirais mourir si je ne pouvais être comme vous. »

La conversation s'arrêta sur ces paroles. La supérieure se retira triste et tremblante, à la pensée de ne pas retrouver sa chère Maria vivante le lendemain, et ne pouvant croire cependant à l'imminence d'une catastrophe. Le lendemain, en effet, Nelly vivait encore, un peu surprise de se trouver en ce monde après l'heure qu'elle avait crue la dernière, mais n'en gardant pas moins la conviction que le moment était proche où, suivant son désir, elle verrait Dieu.

CHAPITRE VI

Vêture et profession de Maria sur son lit de mort.

C'est le vœu de toutes les âmes prédestinées de quitter au plus tôt ce monde, où tout leur pèse, pour entrer dans la liberté des enfants de Dieu. Le cri de l'apôtre s'échappe à chaque instant de leurs lèvres : *Desiderium habens dissolvi et esse cùm Christo.* J'ai soif de la mort pour être avec Jésus (1). Chaque heure qui s'écoule sans amener la mort leur paraît un retard dont elles ont droit de s'inquiéter et de se plaindre, et, comme la douce enfant dont j'écris l'histoire, elles n'ont de repos et de paix qu'après avoir reçu la promesse d'entrer bientôt dans la maison du Seigneur (2).

(1) Philipp. I.
(2) Psalm. CXXI.

Toutefois la mort n'avait pas toujours paru à Maria le refuge qu'elle dût désirer davantage. Elle avait d'abord demandé la grâce de la vocation religieuse, non pas qu'elle se crût digne d'une si haute destinée, mais parce qu'elle trouvait dans la solitude et la régularité du cloître la garantie de sa persévérance. Dès l'enfance elle avait rêvé cette abdication totale de son être entre les mains de Dieu. Elle en parlait avec une effusion qui n'était pas sans tristesse, parce qu'il lui semblait bien difficile d'arriver à son but. Ses compagnes s'étonnaient quelquefois de l'entendre exprimer ce désir, et prenaient un plaisir, qui n'était pas sans malice, à lui faire remarquer qu'elle aurait peu de mérite à cette détermination, n'ayant pas l'occasion des sacrifices qu'entraîne habituellement la vie religieuse, puisqu'elle n'aurait à laisser derrière elle ni famille ni maison paternelle. — C'est vrai, répondait-elle doucement, je n'ai pas de père ni de mère, mais j'ai cette maison qui est ma maison paternelle. Mon sacrifice sera de la quitter et je ne crois pas qu'une fille puisse avoir pour sa mère plus de reconnaissance que je n'en ai pour l'asile qui a abrité mon enfance et ma jeunesse. »

Cependant elle n'osait exprimer ce désir autrement que dans ses confidences à ses compagnes. Ces expansions cessèrent même peu à peu, et une sorte de conviction résignée de son impuissance à réaliser son dessein prit dans son cœur la place des aspirations d'autrefois. N'espérant plus voir exaucer sa prière, elle souhaita de trouver un abri pour son innocence dans les bras d'une prompte mort. Dieu, nous l'avons vu, l'entendit cette fois, et lui donna plus qu'elle ne demandait. La mort vint la prendre dans toute la virginité de son âme, mais elle ne la prit que revêtue des livrées monastiques et liée au Seigneur par la profession religieuse. Et, chose digne de remarque, ce fut à l'Ordre de Saint-Dominique, l'ordre de l'apostolat et de la chasteté, que Dieu voulut l'adjoindre, comme pour récompenser dès la terre cette pureté qu'admiraient les anges et ce zèle des âmes dont l'activité féconde eût fait la joie et la gloire d'un frère-prêcheur.

Le 15 mai, la malade avait reçu les derniers sacrements dans des sentiments qui faisaient l'admiration de tous les assistants. « Le lendemain de ce jour, dit la supérieure, je récitais mon rosaire auprès de la chère mourante J'étais à genoux devant l'image de la Très-Sainte Vierge. Il me sembla entendre très distinctement ces paroles : — Faites recevoir cette enfant dans le Tiers-Ordre de Saint-Dominique afin qu'elle meure religieuse. » Notre-Dame du Saint-Rosaire avait-elle véritablement parlé à la sœur supérieure, ou cette voix n'était-elle que l'écho des confidences tombées autrefois du cœur de l'enfant dans celui de la mère, je n'en sais rien. Mais je reconnais volontiers que j'aime à reposer mon âme dans la persuasion que Marie a vraiment daigné s'intéresser, elle-même et d'une manière immédiate, à la réalisation du vœu de sa servante.

Quoiqu'il en soit, il ne faut pas s'étonner de voir le Tiers-Ordre Dominicain spécialement désigné dans cette circonstance. Maria Nelly avait été élevée dans une maison dont la règle est celle du Tiers-Ordre régulier des Frères-Prêcheurs, et dont la direction spirituelle a été confiée presque constamment à des religieux de cet Ordre. Il était donc tout naturel de songer au moyen facile qu'il présentait de satisfaire le vœu de la mourante. Du reste, aucune autre association religieuse ne pouvait lui plaire davantage, soit en raison de ses traditions et de son histoire qui

Maria Imelda. 4

étaient familières à la jeune malade, soit en raison de sa vocation spéciale qui répondait si bien à la forme revêtue de préférence par la vertu de notre chère Maria.

Qu'on me permette de citer ici les admirables lignes dans lesquelles le père Lacordair si bien résumé l'histoire et le caractère de cette institution. Elles eront comprendre mieux que je ne le pourrais faire, le lien secret qui unissait déjà la famille de saint Dominique et la nouvelle enfant qu'elle allait recevoir. « La milice de Jésus-Christ était le troisième Ordre institué par Dominique, ou plutôt le troisième rameau d'un seul ordre qui embrassait dans sa plénitude les hommes, les femmes et les gens du monde. Par la création des Frères-Prêcheurs, Dominique avait tiré du désert les phalanges monastiques et les avait armées du glaive de l'apostolat ; par la création du Tiers-Ordre, il introduisit la vie religieuse jusqu'au sein du foyer domestique et au chevet du lit nuptial. Le monde se peupla de jeunes filles, de veuves, de gens mariés, d'hommes de tout état qui portaient publiquement les insignes d'un ordre religieux et s'astreignaient à ses pratiques dans le secret de leurs maisons. L'esprit d'association, qui régnait au moyen-âge et qui est celui du christianisme, favorisa ce mouvement. De même qu'on appartenait à une famille par le sang, à une corporation par le service auquel on s'était voué, à un peuple par le sol, à l'église par le baptême, on voulut appartenir par un dévouement de choix à l'une des glorieuses milices qui servaient Jésus Christ dans les sueurs de la parole et de la pénitence. On revêtait les les livrées de saint Dominique et de saint François ; on se greffait sur l'un de ces deux troncs, pour vivre de leur vie tout en conservant sa propre nature ; on fréquentait leurs églises, on participait à leurs prières on les assistait de son amitié, on suivait d'aussi près que possible la trace de leurs vertus. On ne croyait plus qu'il fallait fuir le monde pour s'élever à l'imitation des saints ; toute chambre pouvait devenir une cellule, et toute maison une thébaïde. A mesure que l'âge et les événements de la vie dégageaient le chrétien du pesant fardeau de la chair, il sacrifiait au cloître une plus grande portion de lui-même. Si la mort d'une épouse ou d'un enfant venait à tout briser autour de lui, si une révolution le précipitait des honneurs dans l'exil et l'abandon, il avait une autre famille prête à le recevoir dans ses bras, une autre cité dans laquelle le droit de bourgeoisie lui était acquis. Il passait du Tiers-Ordre à l'ordre complet, comme on passe de la jeunesse à la virilité.

« L'histoire de cette institution est une des plus belles choses qu'on puisse lire. Elle a produit des saints sur tous les degrés de la vie humaine, depuis le trône jusqu'à l'escabeau, avec une telle abondance que le désert et le cloître pouvaient s'en montrer jaloux. Les femmes surtout ont enrichi les Tiers-Ordres du trésor de leurs vertus. Trop souvent enchaînées dès l'enfance à un joug qu'elles n'ont point souhaité, elles échappaient à la tyrannie de leur position par l'habit de saint Dominique ou de saint François. Le monastère venait à elles, puisqu'elles ne pouvaient aller chercher le monastère. Elles se faisaient, dans quelque réduit obscur de la maison paternelle ou conjugale, un sanctuaire mystérieux tout plein de l'époux invisible qu'elles aimaient uniquement. Qui n'a entendu parler de sainte Catherine de Sienne et de sainte Rose de Lima, ces deux étoiles dominicaines qui ont éclairé deux mondes ? Qui n'a lu la vie de sainte

Elisabeth de Hongrie, la franciscaine ? Ainsi l'esprit de Dieu prend cœur à son ouvrage avec le temps ; il proportionne les miracles aux misères ; après avoir fleuri dans les solitudes, il s'épanouit sur les grands chemins (1). »

Dès que Maria fut avertie que le Tiers-Ordre lui offrait un moyen de réaliser son plus ardent désir, elle n'eut plus qu'une pensée, celle d'appartenir à la famille dominicaine. Elle n'attendit pas longtemps ce bonheur. Le lendemain, 17 mai, le révérend père Monjardet la revêtit de l'habit illustré par les Catherine de Sienne et les Rose de Lima, et reçut immédiatement sa profession, conformément aux traditions de la vie religieuse en pareille circonstance. Le nom qui lui fut imposé fut celui d'Imelda, cette bienheurse enfant, qui ne sut jamais rien de ce qui se passait sur la terre au-delà des murs de son couvent, et qui mourut dans une extase d'amour après sa première communion. Et certes, depuis qu'il avait charmé les échos du couvent de Bologne, ce nom n'avait jamais été porté dans ce monde par une âme plus pure et plus digne de cet honneur.

Rien ne saurait peindre la joie qui remplit le cœur de notre chère mourante, après qu'elle eut ainsi mis le couronnement à l'édifice de sa vie. Il ne lui restait plus rien à désirer sur la terre. Un sourire céleste ne quittait plus ses traits. On eût dit qu'elle ne vivait plus parmi les hommes, et qu'elle eût peur de rien faire qui la remît sous la loi de cette vie vulgaire à laquelle il lui semblait ne plus appartenir. Son premier élan de reconnaissance fut pour Dieu ; le second pour sa bonne mère de la terre, dont le cœur avait si bien

---

(1) Lacordaire, *Vie de Saint Dominique*. c. XVI.

compris les aspirations du sien. Les mains jointes' les yeux remplis d'une gratitude ineffable : « O ma mère, s'écria-t-elle, comme je prierai pour vous. »

— « Chère âme, ajoute ici la supérieure, elle se voyait déjà dans le ciel, près de Celui qu'elle avait aimé plus que sa vie. »

Je vins au couvent peu de temps après, à l'heure où se reproduisaient chaque jour les plus vives souffrances de la malade. C'est un spectacle saisissant que celui d'une mort chrétienne; mais la mort des saints ravit l'âme et lui laisse d'ineffaçables impressions. Je vois encore ce petit lit blanc et bien rouge, autour duquel rien n'indiquait le voisinage de la mort. Le calme le plus profond planait sur ce douloureux chevet, comme l'ange de l'innocence et de la paix au-dessus d'un berceau. La jeune malade, les joues empourprées par la fièvre, le regard doux et brillant, l'air plutôt joyeux que résigné, nous contemplait en silence. Je la saluai du nom de sœur; un sourire délicieux parut sur ses lèvres et son regard chercha celui de la supérieure qui m'accompagnait, comme pour l'associer à la joie qu'elle ressentait de cette appellation. Je la félicitai de son entrée dans l'Ordre de Saint-Dominique, et j'en pris occasion de lui recommander d'offrir ses douleurs pour la conversation des pauvres âmes que perd l'amour des plaisirs et des biens de la vie. De temps en temps un tressaillement involontaire trahissait la violence du mal; mais elle restait paisible et souriante, son regard limpide fixé sur moi, naïvement fière quand je lui rappelais la mission de sauver des âmes dévolue aux enfants de Saint-Dominique, parmi lesquels on la comptait maintenant.

Je n'ai jamais eu devant les yeux une image plus parfaite du bonheur tranquille que les saints doiven goûter dans le ciel. Je ne crois pas non plus avoir jamais rencontré une plus douce et plus sereine majesté. La mort met de ces beautés au front de tous les hommes ; mais elle ne les en revêt pas tous au même degré, et réserve ses plus mystérieux rayonnements pour le front des élus. On se sentait devenir plus calme et plus humble sous le regard de cette enfant. Je l'avoue, mes paroles se succédaient avec peine, j'allais dire avec une sorte de honte, tant je me trouvais pénétrée d'une émotion où il était impossible de ne pas reconnaître l'action de la présence de Dieu. Le Bienheureux Raymond de Capoue raconte qu'un jour, ayant demandé à Catherine de Sienne, sa fille spirituelle, de lui obtenir la vue et la contrition de ses fautes, il fut saisi d'une telle confusion et d'une telle douleur que son cœur se fendait (1).

Je me suis rappelé et j'ai compris cette émotion de Raymond, quand je me suis senti troubler devant cette nouvelle enfant de Saint-Dominique, en lui disant des choses qui retombaient sur mon âme comme un reproche et une accusation. Depuis l'heure où j'ai ressenti cette impression, loin de décroître elle n'a fait que grandir ; et, en écrivant ces lignes, je vois encore fixé sur moi ce regard virginal qui semblait, comme celui de Catherine, chercher au fond de ma conscience le secret de mes tiédeurs et de mes fautes.

Cependant on s'occupait de préparer l'habit blanc et noir dans lequel devait reposer au tombeau la nouvelle dominicaine. Quand il fut prêt on le lui montra, et pour lui faire plaisir, on en revêtit l'une de ses amies. Son regard charmé ne paraissait plus devoir se

---

(1) *Vie de Sainte Catherine*, Ier partie, c. IX.

détacher de cette parure tant désirée et que pourtant elle ne recevrait plus que des mains de la mort. Plus tard, en revêtant leur jeune sœur, retournée à Dieu de cet habit caressé par elle d'un si doux regard, les religieuses sentirent leur cœur se briser à ce souvenir. Mais tout aussitôt une joie divine leur vint en arrêtant leurs yeux sur le visage de la morte : elles croyaient reconnaître les traits sous lesquels leur céleste mère sainte Catherine est représentée dans le tableau qui décore leur salle commune. Illusion touchante, qui reste une illusion pour les esprits sévères, mais qu'autorise suffisamment, sans doute, la ressemblance de ces deux âmes sur la terre et dans le ciel.

Telle devait être la dernière joie de Maria Nelly en ce monde. On le comprit autour d'elle, et personne ne douta plus de sa mort non seulement prochaine mais immédiate. Les crises violentes et répétées dont elle avait à souffrir faisaient craindre, non sans raison, que chaque instant fut le dernier. La mourante prit soin de dissiper elle-même ces craintes : « **Priez beaucoup** pour moi jusqu'à demain, dit-elle à l'une de ses compagnes. Demain le Saint-Esprit viendra me chercher. »

Le lendemain c'était le jour de la Pentecôte ; et comme elle l'avait dit, ce jour-là vit la fin de son exil.

CHAPITRE VII

Derniers moments de Maria. — Conclusion.

Le jour s'était levé doux et calme comme un jour de printemps, inondé de lumière et de parfums comme il convient à un jour de fête. L'air pur du matin arrivait à la malade, par la fenêtre ouverte, avec les premiers rayons du soleil et les premiers chants des oiseaux. Une vie exhubérante semblait prendre possession du monde : tout parlait de jeunesse, d'avenir, de joie, d'activité incessante et féconde. A demi-soulevée sur son lit, le regard perdu dans l'espace, Maria paraissait, sous le charme de cette rénovation du jour et de la nature, oublier ses souffrances et la mort qui s'approchait. Les religieuses et les orphelines étaient réunies à la chapelle pour la messe de communauté : le son de leur voix se faisait facilement entendre jusqu'au lit de la jeune fille. Elle envoya prier qu'on chantât avant la communion l'un de ses cantiques favoris :

> Seigneur, je crois ! Seigneur, j'espère !
> Seigneur, je t'aime et je veux sans nuage
> Je veux te voir pour t'aimer davantage,
> Oh ! laisse-moi monter au ciel.

On obéit à ce désir. A mesure que les voix s'élevaient tremblantes et vibrant d'un accent qui répondait comme un écho fidèle à ses propres aspirations, la jeune mourante voyait s'ouvrir devant elle les portes de l'Eternité bienheureuse. Son front rayonnait ; ses yeux lançaient des traits de flammes ; ses lèvres entr'ouvertes s'agitaient comme pour parler. — « Je veux voir !..... » murmura-t-elle sans pouvoir achever sa pensée, tant sa faiblesse était grande.

Quelques instants après, ses compagnes vinrent se ranger autour de son lit. Ne pouvant plus parler qu'avec un effort douloureux, elle pria la supérieure de leur demander en son nom pardon des peines qu'elle aurait pu leur causer : puis elle les regarda toutes avec effusion. Ce fut son dernier souvenir aux choses de la terre. Tout-à-coup, se dressant sur son lit avec une force dont elle ne semblait plus capable, le visage illuminé, le regard étincelant, la voix vibrante, elle s'écria : « Je veux voir Dieu ! »

Les anges sans doute chantaient encore pour elle le cantique commencé par ses compagnes.

> Seigneur, je t'aime, et je veux sans nuage
> Je veux te voir pour t'aimer davantage,
> Oh ! laisse-moi monter au ciel !

4..

Elle s'affaissa doucement sur son lit. Sur l'ordre de la supérieure, les orphelines se retirèrent, et les sœurs restèrent à peu près seules auprès d'elle pour recevoir son dernier soupir. On eut pu croire qu'elle avait attendu ce moment pour obéir à la volonté de la mère Ludovic qui lui avait dit : « Vous m'attendrez pour mourir ; je veux être près de vous. » — Son regard cherche celui de sa bonne mère, ainsi qu'elle l'appelait. Un sourire parut sur ses lèvres, comme une dernière marque d'obéissance filiale et comme un suprême adieu. Puis un léger soupir souleva sa poitrine. Ce fut tout... Le ciel comptait une bienheureuse de plus.

Il était environ huit heures du matin : c'était l'heure à laquelle l'Esprit-Saint avait daigné descendre sur les apôtres, et comme l'avait prédit la mourante, l'heure où elle devait recevoir de lui la plénitude de la lumière et de la joie (1).

Le corps revêtu de l'habit du Tiers-Ordre fut exposé dans la chapelle du couvent où se firent les obsèques, contre l'habitude et suivant que la jeune défunte l'avait prédit. Ce qui a frappé surtout les assistants ce fut l'accomplissement d'une parole prononcée par elle, six ans auparavant, et qui semblait devoir être démentie par l'évènement. En parlant de ses funérailles, elle avait dit à sa confidente qu'elle avait vu son cercueil déposé sur des chaises en attendant le moment du départ pour le cimetière. Ce détail, insignifiant en apparence, avait échappé à la mémoire de celles qui le connaissait, et paraissait d'ailleurs ne devoir pas se réaliser, puisqu'on avait déposé le cercueil à la chapelle

---

(1) Il est à remarquer qu'elle était née dans l'Octave de la Pentecôte, la fête étant fixée au 11 mai, pour l'année 1845.

sur des tréteaux comme à l'ordinaire. Mais au moment même du départ, il se trouva que le cercueil dut être un instant déposé près de la porte extérieure de la maison, sur des chases, à défaut des tréteaux laissés à la chapelle, personne n'ayant prévu cet incident. Ainsi se révélait, jusque dans ces détails d'une importance secondaire, l'esprit prophétique dont cette enfant avait été favorisée.

Dieu l'avait exaucée autant qu'elle l'avait désiré. Ce fut seulement après que sa dépouille mortelle eut été rendue à la terre (1), que commença cette série de révélations dont l'effet devait être de la faire connaître et glorifier. Elle avait demandé d'être méconnue et méprisée dans ce monde : Dieu, qu'on me pardonne l'expression, l'avait prise au mot. Personne autour d'elle n'avait paru, pendant longtemps, se douter du trésor que renfermait l'orphelinat de la Présentation. On l'avait même jugée défavorablement, et comme elle l'avait désiré, calomniée en quelque sorte La distinction naturelle de sa personne, et le grand air qui lui était habituel, joints à son exacte pratique du recueillement l'avait souvent fait regarder comme dédaigneuse, pour ne rien dire de plus. Du reste nous l'avons vu, elle avait travaillé plus que personne à faire autour d'elle le silence et l'oubli. Tout en confiant à l'une de ses compagnes les faveurs dont Dieu la prévenait, elle avait pris soin de la choisir parmi les plus jeunes et de lui bien fermer la bouche, pour empêcher toute révélation anticipée. Son secret dé-

---

(1) La dépouille mortelle de notre jeune sœur repose dans le cimetière Montmartre, à l'abri d'une humble croix portant son nom, la date de sa naissance, celle de sa mort et sa dernière parole.

bordait de son cœur, mais elle ne voulait pas le livrer aux commentaires du grand nombre, ni surtout en retirer quelque honneur. Elle semblait même ne pas reconnaître dans ces faits étonnants la main qui s'y montrait, tant son humilité était loin de se croire digne des communications célestes. Dieu voulut que le secret lui fût bien gardé et ne cessât qu'après l'heure où il n'était plus possible de vénérer d'elle autre chose que la mémoire de ses vertus.

Du moins, il faut le reconnaître, cette mémoire a été fidèlement gardée. On dirait que cette enfant se survit à elle-même, par une sorte de présence réelle dans les lieux où elle vécut et dans les cœurs qui furent les confidents du sien. J'ai pu le constater par moi-même. Lorsqu'elle agonisait déjà, je fus conduit par la supérieure au milieu des orphelines qu'elle avait, pendant quinze ans, édifiées du spectacle de ses vertus. La morne tristesse et les pleurs qui m'accueillirent me disaient assez le prix que toutes mettaient à cette vie près de s'éteindre. Plus tard je suis revenu, prononçant le nom de l'amie absente, comme un ami qui se souvient devant d'autres amis, et j'ai pu voir combien vivante était dans ces jeunes âmes la pensée de celle qui n'est plus.

Qu'il me soit permis de rappeler ici une parole consacrée par le plus grand des orateurs modernes à l'un des plus illustres confesseurs du seizième siècle, et d'appliquer à l'humble enfant dont j'écris l'histoire cette suprême louange du génie à la sainteté.

« La bonté est le don gratuit de soi-même.... Mais il y a, dans la bonté, outre le don de soi-même, une manière de se donner, un charme qui déguise le bienfait, une transparence qui permet de voir le cœur et de l'aimer, je ne sais quoi de simple, de doux et de prévenant, qui attire tout l'homme et lui fait préférer au spectacle même du génie celui de la bonté (1). »

Or Dieu avait mis dans la personne et dans la vie de notre chère enfant « cette incomparable grâce » et à son front « cette auréole qui termine la lumière et déifie son éclat (2). » On ne pouvait la voir sans être attiré vers elle, la connaître sans l'aimer.

. « La sympathie, dit encore le père Lacordaire, ne se refuse qu'à celui qui ne l'inspire pas, et celui-là l'inspire qui en porte en lui-même le généreux ferment. Tout cœur pur la possède, et par conséquent tout cœur pur attire à lui, n'importe à quel âge. Mais combien plus dans la jeunesse! Combien plus lorsque le front est paré de toutes les grâces qui attendrissent, et que la vertu l'illumine de cette autre beauté qui plaît à Dieu lui-même (3). » La tendresse et la pureté, dont l'âme de Maria surabondait, pouvaient-elle ne pas opérer leurs effets ordinaires sur les autres âmes, et ne pas les enchaîner pour toujours de ce lien que l'Esprit-Saint lui-même appelle fort contre la mort? (4)

J'ai vu rarement cette enfant et je ne lui ai parlé qu'au lit de la mort. Mais il m'est resté d'elle, dans la mémoire et dans le cœur, une image qui ne s'effacera jamais. « Il y avait dans cette physionomie, dans ce regard, quelque chose de si divinement beau, que si l'on me demandait de le peindre, je ne l'essaierais même pas. Il faut dire de la beauté des saints ce que

(1) Le P. Lacordaire. *Panégyrique du B. Pierre Fournier.*
(2) Id. loc. cit.
(3) Le P. Lacordaire, *Sainte-Marie-Madeleine*, c. 1.
(4) Cantiques, c. VIII.,

la sainte Ecriture dit de leur paix : *Exsuperat omnem sensum*. C'est une beauté d'un ordre à part, et qui est au-dessus de toute idée. La beauté des saints ressemble à celle des temples. Elle élève l'âme à Dieu (1). »
C'est à cette beauté de l'âme, dont le rayonnement illumine les traits, qu'il faut rapporter cette impression de sympathie et de respect ressentie par tous ceux qui rencontraient Maria pour la première fois.

Quant aux dons extérieures, elle n'avait rien qui pût la faire remarquer. Sa taille était médiocre, ses traits réguliers, son regard doux et intelligent. Sur son lit de mort, elle avait gardé toute la fraîcheur et tout le calme de sa physionomie : on eût dit que l'agonie n'avait pas de prise sur cette nature privilégiée. Bien qu'affaiblie, sa voix avait toujours ce timbre doux et pur et cet accent profond qu'on lui connaissait. La distinction habituelle de sa personne et de ses manières se manifestait encore dans la tenue digne et gracieuse qu'elle conservait sur ce lit, où la douleur la retenait captive parce qu'elle avait librement demandé cette captivité de la douleur. Pour elle mourir c'était s'endormir, et rien n'eût indiqué la distance qui séparait son dernier sommeil du sommeil de chaque soir, si de rares frémissements n'avaient annoncé le voisinage de la mort.

Elle avait aussi gardé jusqu'à la fin cet esprit ferme, délicat et élevé dont elle avait fait preuve tant de fois. La mort, en s'approchant, avait même donné à son esprit ce quelque chose d'achevé qui ne se définit pas, mais dont nous avons tous le sentiment et le désir. C'est le parfum de l'intérieur, ce qui distingue des âmes vulgaires les âmes capables d'élévations et de

---

(1) L'abbé Bougaud, *Sainte Monique,* c. 1er. passim.

progrès, comme le parfum distingue entre les fleurs celles qu'on aime à cueillir et à respirer.

Cette fleur s'est fanée ! mais, comme de la rose qui s'effeuille il reste la bonne odeur, nous conservons le souvenir de ce que nous avons vu et entendu pour embaumer nos âmes et les consoler. Le tombeau des saints parle encore : de leur poussière il nous vient une prédication (1). C'est qu'ils ne sont pas véritablement morts, puisqu'ils ne le seront pas pour Dieu qui les a glorifiés, ni pour nous qui les aimons toujours en attendant de les revoir au ciel. Tout ce qui fut au Christ est par là même immortel. Devant le cercueil de ses enfants, l'Eglise le chante d'une voix où la joie se mêle aux larmes, et c'est Dieu même qui lui a commandé de le chanter (2). Nous faisons comme l'Eglise notre mère, et nous disons vivants ceux que les insensés disent morts parce qu'ils sont entrés dans la paix (3).

O vous donc qui vivez loin de nos agitations mais près de notre cœur, n'oubliez pas que vous nous avez aimée et que nous vous aimons toujours. Parlez de nous à Dieu, afin qu'il nous accorde comme à vous la fidélité à son service sur la terre et sa gloire dans le ciel. Parlez-nous de Dieu, afin que la vérité plus persuasive en passant par vos lèvres, se fasse un plus sûr chemin jusqu'à nos cœurs. Parlez-nous de vous-même, de votre bonheur et de votre gloire, afin de nous encourager à marcher sur vos traces. Parlez-nous aussi de nous, comme vous nous en parliez autrefois pour nous consoler et nous raffermir. O vous, qui mainte-

---

(1) Hebr. xi. 4.
(2) Joann. xii. — *Office des morts : antienne Ego sum.*
(3) Sap. v.

nant êtes puissante auprès de votre Jésus et de de sa divine Mère, souvenez-vous de les prier pour nous. Vierge, demandez-leur pour nous la pureté, — apôtre, le zèle des âmes, — martyre, la patience. Obtenez-nous surtout de les aimer comme vous les avez aimés, et de travailler comme vous à répandre leur amour !

Pour moi, qui ai recherché avec tant de bonheur les traces de votre passage en ce monde, je ne me sépare pas de vous. Vous serez désormais la compagne de mes travaux et de mes combats. Grâce à vous, je sais mieux qu'autrefois comment on possède son propre cœur et comment on fait la conquête des autres âmes. Puissé-je ne jamais vous perdre de vue et me tenir toujours assez près de vous pour entendre votre voix. Je suis le dernier de vos frères que vous ayez rencontré sur la terre : — Dieu peut avoir sur moi d'autres desseins, mais il peut bien me permettre ce désir, — Puissé-je être aussi le premier de vos frères que vous rencontrerez à la porte du ciel !

FIN.

TABLE.

TABLE.

Approbation, 5
Aux enfants de l'Ouvroir, Saint-Louis d'Antin. 7
Déclaration de l'auteur. 8

CHAP. I. — ENFANCE ET PREMIÈRE COMMUNION DE MARIA. — Sa naissance. — Elle est recueillie dans l'Orphelinat de la Présentation. — Sa première éducation. — Vertus naissantes. — Sa première communion. — Ses qualités naturelles d'esprit et de cœur. 9

CHAP. II. — PROGRÈS DE MARIA DANS LA VERTU. — ÉPREUVES INTÉRIEURES. — Son esprit de foi. — Son recueillement. — Pureté d'intention. —

Sa charité. — Sa douceur. — Son humilité. — Son esprit de mortification. — Epreuves intérieures. — Retour de la paix. 20

Chap. III. — Dévotion de Maria envers le très Saint-Sacrement et la sainte Vierge. — Amour de Maria pour Notre-Seigneur au saint Sacrement. — Visites. — Elle travaille à développer cette dévotion dans ses compagnes. — Ses communions. — Amour de Maria pour la très sainte Vierge — Elle la prend pour sa mère. — Elle fait vœu à 6 ans, de dire le chapelet tous les jours. — Sa confiance en Marie. — Faveurs qu'elle obtient de la sainte Vierge. 32

Chap. IV. — Zèle de Maria pour le salut des ames. — L'esprit apostolique et la virginité. — Comment Maria aimait les âmes. — Son apostolat parmi ses compagnes. — Douleur qu'elle éprouve de la perte des âmes. — Elle conserve ce zèle jusqu'à son dernier soupir. 45

Chap. V. — Maria prédit sa mort. — Sa dernière maladie. — Horreur de

— 93 —

Maria pour le monde. — Elle redoute de sortir de l'orphelinat. — Elle demande à mourir avant d'avoir offensé Dieu. — Elle est exaucée. — Elle fait connaître sa mort prochaine à l'une de ses compagnes. — Transformation qui s'opère en elle. — Elle tombe malade. — Sa prière à ce sujet. — Progrès de la maladie. — Résignation de Maria. — Sa confidente fait connaître la révélation relative à sa mort. — Maria la fait aussi connaître à la supérieure.   57

Chap. VI· — Vêture et profession de Maria sur son lit de mort. — Maria désire ardemment la grâce de la vocation religieuse. — Elle ne s'en croit pas digne. — Le Tiers-Ordre de Saint-Dominique. — Maria reçoit l'habit de cet Ordre, et fait profession. — Joie qu'elle éprouve. — Dernière visite de l'auteur à Maria. — Elle annonce qu'elle mourra le jour de la Pentecôte.   74

Chap. VII. — Derniers moments de Maria. — Elle fait chanter son cantique favori. — Dernière visite de ses compagnes. — « Je veux voir Dieu ! » Dernier acte d'obéissance envers la supérieure. — Mort de Maria. — Ses funérailles. — Accomplissement de ses prédictions à ce sujet. — Portrait de Maria. 80

Conclusion. 80

FIN DE LA TABLE.

Limoges. — Imp. F. F. Ardant frères.

ERRATA.

—

A l'approbation, lisez : Marie-Louis Monsabré.

Page 23, ligne 16, au lieu de *distractions*, lisez *distinctions*.

Page 30, texte latin, lisez *Existis est anima mea usque ad mortem*.

Même page, ligne 27, au lieu de *vanités*, lisez *vérités*.

Page 33, ligne 27, au lieu d'*ange*, lisez *endroit*.

Page 34, ligne 5, au lieu de *se repose*, lisez *se reposer*.

Page 35, ligne 6, au lieu de *plaie*, lisez *place*.

Même page, ligne 16, au lieu de *ménagères*, lisez *messagères*.

Page 46, ligne 7, au lieu de *et n'en est*, lisez *rien n'est*.

Page 64, ligne 20, au lieu de *ravissait*, lisez *ravivait*.

Page 77, ligne 12, au lieu de *bien rouge*, lisez *bien rangé*.

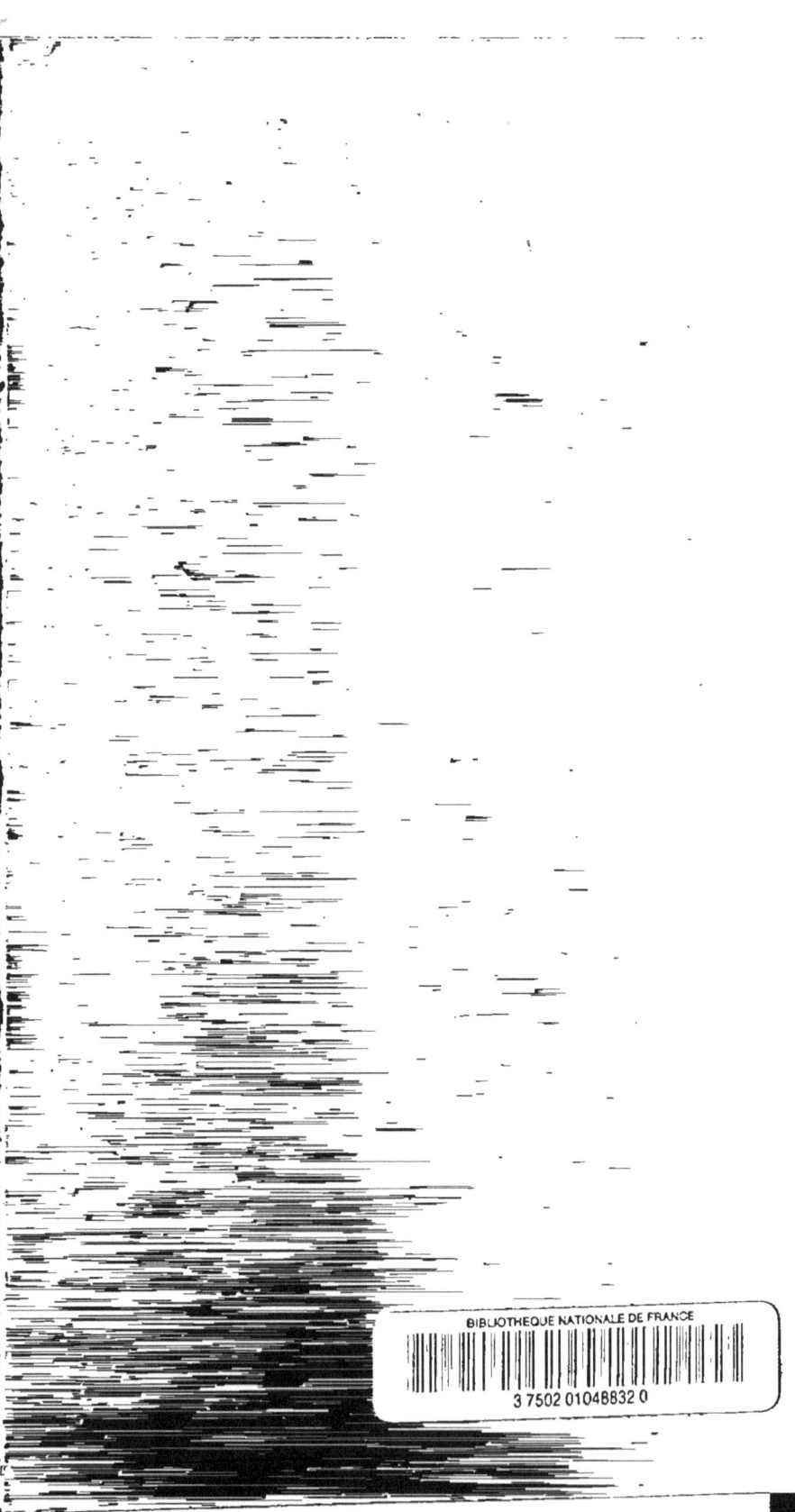

www.ingramcontent.com/pod-product-compliance
Lightning Source LLC
Chambersburg PA
CBHW070250100426
42743CB00011B/2216